U0457648

ZHEJIANG SHENG PUTONGHUA SHUIPING CESHI JIAOCHENG

浙江省普通话水平测试教程

（修订版）

浙江省语言文字工作委员会
浙江省语言文字工作者协会　编

ZHEJIANG UNIVERSITY PRESS
浙江大学出版社
·杭州·

本书已获得《普通话水平测试实施纲要（2021年版）》著作权人合法授权。

本书部分文字作品稿酬已向中国文字著作权协会提存，敬请相关著作权人联系领取。

电话：010-65978917，传真：010-65978926，E-mail：wenzhuxie@126.com。

图书在版编目（CIP）数据

浙江省普通话水平测试教程 / 浙江省语言文字工作
委员会, 浙江省语言文字工作者协会编. -- 增订版. --
杭州 : 浙江大学出版社, 2024.2（2025.9重印）

ISBN 978-7-308-24671-2

Ⅰ.①浙… Ⅱ.①浙… ②浙… Ⅲ.①普通话—水平
考试—教材 Ⅳ.①H102

中国国家版本馆CIP数据核字(2024)第037039号

浙江省普通话水平测试教程（修订版）

ZHEJIANG SHENG PUTONGHUA SHUIPING CESHI JIAOCHENG (XIUDINGBAN)

浙江省语言文字工作委员会　浙江省语言文字工作者协会　编

策划编辑	黄娟琴　柯华杰	
责任编辑	柯华杰　黄娟琴	
责任校对	赵　钰	
责任印制	孙海荣	
封面设计	周　灵	
出版发行	浙江大学出版社	
	（杭州市天目山路148号　邮政编码　310007）	
	（网址：http://www.zjupress.com）	
排　　版	杭州林智广告有限公司	
印　　刷	杭州捷派印务有限公司	
开　　本	787mm×1092mm　1/16	
印　　张	12.5	
字　　数	252千	
版 印 次	2024年2月第2版　2025年9月第7次印刷	
书　　号	ISBN 978-7-308-24671-2	
定　　价	32.00元	

版权所有　侵权必究　　印装差错　负责调换

浙江大学出版社市场运营中心联系方式：0571 - 88925591；http://zjdxcbs.tmall.com

目　录

第 一 章
普通话水平测试概说

第一节 | 普通话与普通话水平测试

一、什么是普通话

普通话是中华人民共和国的国家通用语言，它以北京语音为标准音，以北方话为基础方言，以典范的现代白话文著作为语法规范。

普通话不等于北京话。普通话以北京语音为标准，指的是北京语音系统，不包括北京土音。普通话的词汇主要来源于北方话，但是并不能把所有的北方话词汇都看成普通话词汇。"现代白话文"指的是五四以来的白话文，"著作"是指普通话的书面形式，而不以北方话或北京话的口语为标准。"典范"是指具有广泛代表性的著作，排除不具代表性的现代白话文著作。

大力推广和积极普及普通话，是我国的基本语言政策。新中国成立后，党和政府十分重视推广普通话工作。1982年修订的《中华人民共和国宪法》第十九条明确规定"国家推广全国通用的普通话"，从法律上确立了普通话的地位和作用。1998年，国务院决定，每年九月的第三周为"全国推广普通话宣传周"。2000年颁布的《中华人民共和国国家通用语言文字法》，对推广普通话工作进一步提出了具体要求。党的二十大报告提出，要加大推广国家通用语言文字的力度。

推广普通话是经济和社会发展的需要，在经济活动日益频繁的今天，推广普通话比以往任何时候都显得更为重要和突出。推广普通话是信息社会发展的需要，要使人机对话更顺利地进行，就需要掌握好普通话。推广普通话更是国家、民族统一的需要，语言的融合和统一可以促进国家与民族的融合和统一。

二、什么是普通话水平测试

《普通话水平测试大纲》（教育部 国家语委发教语用〔2003〕2号）明确提出："普通话水平测试测查应试人的普通话规范程度、熟练程度，认定其普通话水平等级，属于标准参照性考试。"

普通话水平测试是一种测试对象广泛、测试参照标准明确、有法律作依据的国家级考试。它既不是语言知识的测试，也不是涵盖"听、说、读、写"全部语言技能要素的测试，而是着重测查应试人运用国家通用语言的规范程度和熟练程度的专业测试。测试采用纯口试的方式，以语音为测查重点，主要采用计算机辅助测试的评价方式。测试的根本目的是推广普通话。

普通话水平测试依据《普通话水平测试等级标准（试行）》《普通话水平测试大纲》《普通话水平测试实施纲要》开展。《普通话水平测试等级标准（试行）》（国语〔1997〕64号）规定普通话水平测试等级划分，描述测试等级特征并明确量化指标。《普通话水平测试大纲》规定测试名称、性质、方式以及测试内容和范围，明确试卷构成、评分和应试人普通话等级确定方式，为普通话水平测试提供具体的实施依据。《普通话水平测试实施纲要》（最新版为2021年版）为测试提供具体的命题依据和题库编制依据。

三、普通话水平测试的方针政策

普通话水平测试是我国现阶段普及普通话工作的一项重大举措。在一定范围内对某些岗位的人员进行普通话水平测试，并逐步实行持普通话等级证书上岗制度，标志着我国普及普通话工作发展到了制度化、规范化、科学化的新阶段。国务院在《批转国家语委〈关于当前语言文字工作请示〉的通知》（国发〔1992〕63号）中强调，推广普通话对于改革开放和社会主义现代化建设具有重要意义，必须给予高度重视。为加快普及进程，不断提高全社会普通话水平，国家语言文字工作委员会、国家教育委员会和广播电影电视部发布了《关于开展普通话水平测试工作的决定》（国语〔1994〕43号），明确提出了普通话水平测试的对象、目标和等级要求。目前，普通话水平测试工作正在向纵深方向发展。

继广播、电影、电视、话剧和教育等领域成功地开展了大规模普通话水平测试工作之后，1999年5月，人事部、教育部、国家语委又联合发出了《关于开展国家公务员普通话培训的通知》。通知明确规定：通过培训，原则要求1954年1月1日以后出生的公务员达到普通话三级甲等以上水平；对1954年1月1日以前出生的公务员不作硬性要求，但鼓励其努力提高普通话水平。同时，最高人民检察院办公厅、中央金融工委、铁道部、国家邮政局等部门分别与教育部、国家语委等联合发文，要求对检察机关、金融系统、铁路系统、邮政系统等部门的工作人员进行普通话培训与测试，并提出了相应的等级达标要求。

2000年10月31日，第九届全国人民代表大会常务委员会第十八次会议通过《中华人民共和国国家通用语言文字法》，并于2001年1月1日起正式实施。它是我国第一部语言文字方面的专项法律，它体现了国家的语言文字方针、政策，科学地总结了新中国成立50多年来语言文字工作的成功经验，第一次以法律的形式明确了普通话和规范汉字作为国家通用语言文字的地位，对国家通用语言文字的使用作出了规定。这项法律再次明确"国家推广普通话"（参见第三条），并载入了有关普通话水平测试的条款。该法第十九条明确规定了必须进行普通话培训和测试的人员范围。该法在第二十四条还规定："国务院语言文字工作部门颁布普通话水平测试等级标准。"这个规定说明普通话水平测试执行全国统一的等级标准。

2007年4月1日起施行的《浙江省实施〈中华人民共和国国家通用语言文字法〉办法》第九条对六类人员的普通话水平提出了达标要求。

2021年教育部颁布新修订的《普通话水平测试管理规定》，把"行业主管部门规定的其他应该接受测试的人员"和"师范类专业、播音与主持艺术专业、影视话剧表演专业以及其他与口语表达密切相关专业的学生"纳入测试对象，并规定"社会其他人员可自愿申请参加测试。在境内学习、工作和生活3个月及以上的港澳台人员和外籍人员可自愿申请参加测试"，对视障、听障等特殊人群参加测试也提出提供服务的规定。

四、普通话水平测试管理

（一）管理机构

普通话水平测试组织管理系统是国家测试管理系统中较为完备的组织结构形式。整个系统分为三个层面：国家语言文字工作部门、国家测试机构；省级语言文字工作部门、省级测试机构；地（市）级、高校语言文字工作部门、地（市）级、高校测试机构。

1.国家语言文字工作部门和国家测试机构

按照现行的管理体系，国家语言文字工作部门对测试工作进行宏观管理，制定测试的政策、规划，对测试工作进行组织协调、指导监督和检查评估，负责颁布测试等级标准、测试大纲、测试规程和测试工作评估办法。

国家语委普通话与文字应用培训测试中心是全国普通话培训测试的业务管理机构，在国家语言文字工作部门的领导下开展全国普通话培训与测试的科学研究和业务培训工作，对测试业务工作进行指导，对测试质量进行监督和检查，颁发和管理普通话水平等级证书。

2.省级语言文字工作部门和省级测试机构

省级语言文字工作部门对本辖区测试工作进行宏观管理。

省级测试机构接受省级语言文字工作部门及其办事机构的行政管理和国家测试机构的业务指导，制定并实施本省普通话培训测试规划和计划，培训普通话师资和省级测试员。聘任和管理本省国家级和省级测试员。对本省普通话培训测试工作进行业务指导、考务管理和质量检查，管理测试工作档案，组织开展普通话水平测试的业务交流和科学研究。

3.地方（高校）测试机构

省级语言文字工作部门根据需要设立地方（高校）测试机构。

各市、地、高校、行业普通话培训测试机构的性质、任务与省普通话培训测试中心相对应。接受同级语言文字工作部门的领导和省级普通话培训测试中心的业务指导，并定期向省、市语委办和省测试中心报告工作。各市、地、高校、行业测试机构根据工作需要聘任测试员并颁发有一定期限的聘书，按计划、按要求开展普通话水平测试工作。

（二）测试员

普通话水平测试员分国家级测试员和省级测试员两类。申请者须经过培训考核取得相应的测试员证书。

（1）申请省级测试员资格者，一般应具有大专以上学历，三年以上工龄；熟悉语言文字工作方针政策和普通话语音基础理论；熟练掌握《汉语拼音方案》和常用国际音标；熟悉本地方言与普通话的对应规律，有较强的听辨音能力；普通话水平达到一级。身体健康，作风正派，有高度的事业心、责任感和工作热情。

（2）申请国家级测试员资格者，除须具备省级测试员同样条件外，还须具备中级以上专业技术职务和两年以上省级测试员资历。

（3）申请省级测试员资格者，通过省级测试机构的培训考核后，由省级语言文字工作部门颁发省级测试员证书；经省级语言文字工作部门推荐的申请国家级测试员资格者，通过国家测试机构的培训考核后，由国家语言文字工作部门颁发国家级测试员证书。

（4）测试员应遵守测试工作各项规定和纪律，保证测试质量。测试员在测试中须客观、公正，如涉及亲属、教考等关系，应予回避；测试员及考点工作人员不得擅自把测试成绩告诉受测人。

（三）测试规程

普通话水平测试须由测试机构组织实施，由测试员依照测试规程评审。目前，普通话水平测试采用计算机辅助测试（简称机辅测试，指由普通话评测系统自动评审前三题，测试员评测说话题）的方式。经国家测试机构同意，特殊情况下可采用人工测试。

　　为有效保障普通话水平测试实施，保证普通话水平测试的公正性、科学性、权威性和严肃性，根据《普通话水平测试管理规定》（教育部令第51号），国家语委制定了《普通话水平测试规程》，该规程自2023年4月1日起施行。《普通话水平测试规程》共12章，分别从"统筹管理""测试站点""考场设置""报名办法""测试试卷""测试流程""成绩评定""等级证书""数据档案""监督检查""违规处理""附则"等方面，对普通话水平测试的相关环节进行规范和管理。

第二节　普通话水平测试的内容及等级评定

一、测试内容与评分体系

　　测试内容包括四个部分，满分100分。

（一）读单音节字词

　　读单音节字词（100个音节，不含轻声、儿化），限时3.5分钟，共10分。

　　测试目的：测查应试人声母、韵母、声调读音的标准程度。

　　评分体系：每读错1个音节的声母、韵母或声调，扣0.1分；读音有缺陷的音节，扣0.05分；超时1分钟以内，扣0.5分；超时1分钟以上（含1分钟），扣1分。

（二）读多音节词语

　　读多音节词语（100个音节），限时2.5分钟，共20分。

　　测试目的：测查应试人声母、韵母、声调和变调、轻声、儿化读音的标准程度。

　　评分体系：每读错1个音节的声母、韵母或声调，扣0.2分；读音有缺陷的音节，扣0.1分；超时1分钟以内，扣0.5分；超时1分钟以上（含1分钟），扣1分。

（三）朗读短文

　　朗读短文（1篇，400个音节），限时4分钟，共30分。

　　测试目的：测查应试人使用普通话朗读书面作品的水平。在测查声母、韵母、声调读音标准程度的同时，重点测查连读音变、停连、语调以及流畅程度。

　　评分体系：每读错1个音节、漏读或增读1个音节，扣0.1分；声母或韵母的系统性语音缺陷，视程度扣0.5分、1分；语调偏误、停连不当或朗读不流畅（包括回读），视程度各扣0.5分、1分、2分；超时，扣1分。

（四）命题说话

命题说话，限时3分钟，共40分。

测试目的：测查应试人在无文字凭借的情况下说普通话的水平，重点测查语音标准程度、词汇语法规范程度和自然流畅程度。

评分体系：

（1）语音标准程度，共25分。分六档：

一档：语音标准，或极少有失误。扣0分、1分、2分。

二档：语音错误在10次以下，有方音但不明显。扣3分、4分。

三档：语音错误在10次以下，但方音比较明显；或语音错误在10次—15次之间，有方音但不明显。扣5分、6分。

四档：语音错误在10次—15次之间，方音比较明显。扣7分、8分。

五档：语音错误超过15次，方音明显。扣9分、10分、11分。

六档：语音错误多，方音重。扣12分、13分、14分。

（2）词汇语法规范程度，共10分。分三档：

一档：词汇、语法规范。扣0分。

二档：词汇、语法偶有不规范的情况。扣1分、2分。

三档：词汇、语法屡有不规范的情况。扣3分、4分。

（3）自然流畅程度，共5分。分三档：

一档：语言自然流畅。扣0分。

二档：语言基本流畅，口语化较差，有背稿子的表现。扣0.5分、1分。

三档：语言不连贯，语调生硬。扣2分、3分。

（4）说话不足3分钟，酌情扣分：

缺时1分钟以内（含1分钟），扣1分、2分、3分。

缺时1分钟以上，扣4分、5分、6分。

说话不满30秒（含30秒），本测试项成绩计为0分。

（5）离题、内容雷同，视程度扣4分、5分、6分。

（6）无效话语，累计占时酌情扣分：累计占时1分钟以内（含1分钟），扣1分、2分、3分；累计占时1分钟以上，扣4分、5分、6分；有效话语不满30秒（含30秒），本测试项成绩计为0分。

二、普通话水平测试试卷

普通话水平测试命题的主要依据是国家语委普通话与文字应用培训测试中心编制的《普通话水平测试实施纲要》(2021年版)。

试卷中的单音节字词选自本教材第二章"附录：普通话水平测试用普通话词语表"中的单音节字词(其中，选自"表一"的一般占70%，选自"表二"的一般占30%)。

试卷中的多音节词语选自本教材第二章"附录：普通话水平测试用普通话词语表"中的多音节词语(其中，选自"表一"的一般占70%，选自"表二"的一般占30%)。

试卷中的"朗读短文"由电脑选定1篇作品作为测试内容。作品从本教材第三章"附录：普通话测试用朗读作品"中选用。

试卷中的"命题说话"由电脑选定2个说话题目，应试者选择其中1个作为测试内容。说话题目从本教材第四章"附录：普通话水平测试用话题"中选用。

以下为普通话水平测试样卷。

普通话水平测试样卷（1号卷）

（一）读单音节字词（100个音节，共10分，限时3.5分钟）

矮 蜡 歇 拔 眉 刑 菜 脓 鸭 抄 贫 秧 簇 防 耕
砌 羽 惹 紫 伞 赚 慌 识 穴 肩 投 拳 肯 卧 驴
棒 净 条 总 编 矿 碗 内 茶 留 围 零 存 膜 夏
化 瞪 您 项 滚 店 碰 雄 盖 粉 权 云 而 复 日
印 额 沟 善 遭 朵 坏 税 者 底 黯 掰 挫 掺 堤
扼 饵 吠 缸 罕 揪 窟 怜 峦 萌 挪 癖 怯 蕊 腮
渗 舔 剜 捂 惜 癣 冶 凿 掷 揍

（二）读多音节词语（100个音节，共20分，限时2.5分钟）

自由　　处理　　最初　　概括　　飞行　　塑料　　小说儿　　原则　　日益
合同　　认为　　多么　　贡献　　破坏　　而且　　顺利　　商量　　老乡
剖面　　补偿　　包干儿　　考古　　蓬勃　　口语　　存款　　灯泡儿　　全民
卓越　　差点儿　　当作　　化肥　　投产　　恩赐　　夸奖　　虐待　　网球
瓦解　　寻觅　　均等　　穷尽　　辖区　　考究　　法权　　僧尼　　阳性
辩证法　　所有制　　海市蜃楼

（三）朗读短文（400个音节，共30分，限时4分钟）

中国没有人不爱荷花的。可我们楼前池塘中独独缺少荷花。每次看到或想到，总觉得是一块心病。有人从湖北来，带来了洪湖的几颗莲子，外壳呈黑色，极硬。据说，如果埋在淤泥中，能够千年不烂。我用铁锤在莲子上砸开了一条缝，让莲芽能够破壳而出，不至永远埋在泥中。把五六颗敲破的莲子投入池塘中，下面就是听天由命了。

这样一来，我每天就多了一件工作：到池塘边上去看上几次。心里总是希望，忽然有一天，"小荷才露尖尖角"，有翠绿的莲叶长出水面。可是，事与愿违，投下去的第一年，一直到秋凉落叶，水面上也没有出现什么东西。但是到了第三年，却忽然出了奇迹。有一天，我忽然发现，在我投莲子的地方长出了几个圆圆的绿叶，虽然颜色极惹人喜爱，但是却细弱单薄，可怜兮兮地平卧在水面上，像水浮莲的叶子一样。

真正的奇迹出现在第四年上。到了一般荷花长叶的时候，在去年飘浮着五六个叶片的地方，一夜之间，突然长出了一大片绿叶，叶片扩张的速度，范围的扩大，都是惊人地快。几天之内，池塘内不小一部分，已经全为绿叶所覆盖。而且原来平卧在水面上的像是水浮莲一样的//叶片，不知道是从哪里聚集来了力量，有一些竟然跃出了水面，长成了亭亭的荷叶。这样一来，我心中的疑云一扫而光：池塘中生长的真正是洪湖莲花的子孙了。我心中狂喜，这几年总算是没有白等。

（四）命题说话（请在下列话题中任选一个，共40分，限时3分钟）

我的兴趣爱好

小家、大家与国家

普通话水平测试样卷（2号卷）

（一）读单音节字词（100个音节，共10分，限时3.5分钟）

司 鳖 吵 黄 淮 刮 薛 攻 明 皱 妥 愤 爱 族 虫
设 全 口 定 罢 破 铁 娘 穷 势 税 刺 袖 腾 彻
桃 狼 趣 衡 概 绢 腔 彩 迷 锤 翁 嫩 履 洪 君
何 鬓 寸 每 调 够 觉 终 唱 早 愿 烦 先 封 念
机 知 竹 人 酸 竖 峦 幕 峡 寻 跪 蒸 肩 滑 筛
膘 按 驳 琴 伙 略 狂 蕊 牢 豆 毡 皮 吨 甜 甲
证 查 字 渔 耍 勒 歪 尔 熊 飞

（二）读多音节词语（100个音节，共20分，限时2.5分钟）

签署	嘴巴	似乎	登场	存根	忘却	儿童	模特儿	鉴定
反而	宣传	宠爱	费解	外国	原因	名牌儿	牛奶	花甲
阳光	条件	美容	贷款	裁决	板凳儿	袜子	交叉	运用
总理	僧俗	加倍	粉刷	凑合	评奖	允许	得罪	贫穷
释放	自然	驳斥	破坏	拼命	挑选	扣押	告别	老板
共和国	农作物	冰天雪地						

（三）朗读短文（400个音节，共30分，限时4分钟）

二〇〇〇年，中国第一个以科学家名字命名的股票"隆平高科"上市。八年后，名誉董事长袁隆平所持有的股份以市值计算已经过亿。从此，袁隆平又多了个"首富科学家"的名号。而他身边的学生和工作人员，却很难把这位老人和"富翁"联系起来。

"他哪里有富人的样子。"袁隆平的学生们笑着议论。在学生们的印象里，袁老师永远黑黑瘦瘦，穿一件软塌塌的衬衣。在一次会议上，袁隆平坦言："不错，我身价二〇〇八年就一千零八亿了，可我真的有那么多钱吗？没有。我现在就是靠每个月六千多元的工资生活，已经很满足了。我今天穿的衣服就五十块钱，但我喜欢的还是昨天穿的那件十五块钱的衬衫，穿着很精神。"袁隆平认为，"一个人的时间和精力是有限的，如果老想着享受，哪有心思搞科研？搞科学研究就是要淡泊名利，踏实做人"。

在工作人员眼中，袁隆平其实就是一位身板硬朗的"人民农学家"，"老人下田从不要人搀扶，拿起套鞋，脚一蹬就走"。袁隆平说："我有八十岁的年龄，五十多岁的身体，三十多岁的心态，二十多岁的肌肉弹性。"袁隆平的业余生活非常丰富，钓鱼、打排球、听音乐……他说，就是喜欢这些//不花钱的平民项目。

二〇一〇年九月，袁隆平度过了他的八十岁生日。当时，他许了个愿：到九十岁时，要实现亩产一千公斤！如果全球百分之五十的稻田种植杂交水稻，每年可增产一点五亿吨粮食，可多养活四亿到五亿人口。

（四）命题说话（请在下列话题中任选一个，共40分，限时3分钟）

我喜爱的动物

科技发展与社会生活

三、等级标准与评定

按照评分标准对应试人的四项测试进行评分，根据应试人的总得分评定其普通话水平等级。

1997年国家语言文字工作委员会颁布《普通话水平测试等级标准（试行）》，该标准规定普通话水平测试成绩分为三级六等，一级甲等为最高级别，三级乙等为进入等级的最低级别。其中：

97分及其以上，为一级甲等；

92分及其以上但不足97分，为一级乙等；

87分及其以上但不足92分，为二级甲等；

80分及其以上但不足87分，为二级乙等；

70分及其以上但不足80分，为三级甲等；

60分及其以上但不足70分，为三级乙等。

《普通话水平测试等级标准（试行）》全文详见附录。

附录

普通话水平测试等级标准（试行）

（国家语言文字工作委员会1997年12月5日颁布，国语〔1997〕64号）

一级

甲等　朗读和自由交谈时，语音标准，词汇、语法正确无误，语调自然，表达流畅。测试总失分率在3%以内。

乙等　朗读和自由交谈时，语音标准，词汇、语法正确无误，语调自然，表达流畅。偶然有字音、字调失误。测试总失分率在8%以内。

二级

甲等　朗读和自由交谈时，声韵调发音基本标准，语调自然，表达流畅。少数难点音（平翘舌音、前后鼻尾音、边鼻音等）有时出现失误。词汇、语法极少有误。测试总失分率在13%以内。

乙等　朗读和自由交谈时，个别调值不准，声韵母发音有不到位现象。难点音（平翘舌音、前后鼻尾音、边鼻音、fu-hu、z-zh-j、送气不送气、i-ü不分，保留浊塞音和浊塞擦音、丢介音、复韵母单音化等）失误较多。方言语调不明显。有使用方言词、方言语法的情况。测试总失分率在20%以内。

三级

甲等　朗读和自由交谈时，声韵调发音失误较多，难点音超出常见范围，声调调值多不准。方言语调较明显。词汇、语法有失误。测试总失分率在30%以内。

乙等　朗读和自由交谈时，声韵调发音失误多，方音特征突出。方言语调明显。词汇、语法失误较多。外地人听其谈话有听不懂情况。测试总失分率在40%以内。

普通话水平测试管理规定

（中华人民共和国教育部令　第51号）

第一条　为规范普通话水平测试管理，促进国家通用语言文字的推广普及和应用，根据《中华人民共和国国家通用语言文字法》，制定本规定。

第二条　普通话水平测试（以下简称测试）是考查应试人运用国家通用语言的规范、熟练程度的专业测评。

第三条 国务院语言文字工作部门主管全国的测试工作，制定测试政策和规划，发布测试等级标准和测试大纲，制定测试规程，实施证书管理。

省、自治区、直辖市人民政府语言文字工作部门主管本行政区域内的测试工作。

第四条 国务院语言文字工作部门设立或者指定国家测试机构，负责全国测试工作的组织实施、质量监管和测试工作队伍建设，开展科学研究、信息化建设等，对地方测试机构进行业务指导、监督、检查。

第五条 省级语言文字工作部门可根据需要设立或者指定省级及以下测试机构。省级测试机构在省级语言文字工作部门领导下，负责本行政区域内测试工作的组织实施、质量监管，设置测试站点，开展科学研究和测试工作队伍建设，对省级以下测试机构和测试站点进行管理、监督、检查。

第六条 各级测试机构和测试站点依据测试规程组织开展测试工作，根据需要合理配备测试员和考务人员。

测试员和考务人员应当遵守测试工作纪律，按照测试机构和测试站点的组织和安排完成测试任务，保证测试质量。

第七条 测试机构和测试站点要为测试员和考务人员开展测试提供必要的条件，合理支付其因测试工作产生的通信、交通、食宿、劳务等费用。

第八条 测试机构和测试站点应当健全财务管理制度，按照标准收取测试费用。

第九条 测试员分为省级测试员和国家级测试员，具体条件和产生办法由国家测试机构另行规定。

第十条 以普通话为工作语言的下列人员，在取得相应职业资格或者从事相应岗位工作前，应当根据法律规定或者职业准入条件的要求接受测试：

（一）教师；

（二）广播电台、电视台的播音员、节目主持人；

（三）影视话剧演员；

（四）国家机关工作人员；

（五）行业主管部门规定的其他应该接受测试的人员。

第十一条 师范类专业、播音与主持艺术专业、影视话剧表演专业以及其他与口语表达密切相关专业的学生应当接受测试。

高等学校、职业学校应当为本校师生接受测试提供支持和便利。

第十二条 社会其他人员可自愿申请参加测试。

在境内学习、工作或生活3个月及以上的港澳台人员和外籍人员可自愿申请参加测试。

第十三条　应试人可根据实际需要，就近就便选择测试机构报名参加测试。

视障、听障人员申请参加测试的，省级测试机构应积极组织测试，并为其提供必要的便利。视障、听障人员测试办法由国务院语言文字工作部门另行制定。

第十四条　普通话水平等级分为三级，每级分为甲、乙两等。一级甲等须经国家测试机构认定，一级乙等及以下由省级测试机构认定。

应试人测试成绩达到等级标准，由国家测试机构颁发相应的普通话水平测试等级证书。

普通话水平测试等级证书全国通用。

第十五条　普通话水平测试等级证书分为纸质证书和电子证书，二者具有同等效力。纸质证书由国务院语言文字工作部门统一印制，电子证书执行《国家政务服务平台标准》中关于普通话水平测试等级证书电子证照的行业标准。

纸质证书遗失的，不予补发，可以通过国家政务服务平台查询测试成绩，查询结果与证书具有同等效力。

第十六条　应试人对测试成绩有异议的，可以在测试成绩发布后15个工作日内向原测试机构提出复核申请。

测试机构接到申请后，应当在15个工作日内作出是否受理的决定。如受理，须在受理后15个工作日内作出复核决定。

具体受理条件和复核办法由国家测试机构制定。

第十七条　测试机构徇私舞弊或者疏于管理，造成测试秩序混乱、作弊情况严重的，由主管的语言文字工作部门给予警告、暂停测试资格直至撤销测试机构的处理，并由主管部门依法依规对直接负责的主管人员或者其他直接责任人员给予处分；构成犯罪的，依法追究刑事责任。

第十八条　测试工作人员徇私舞弊、违反测试规定的，可以暂停其参与测试工作或者取消测试工作资格，并通报其所在单位予以处理；构成犯罪的，依法追究刑事责任。

第十九条　应试人在测试期间作弊或者实施其他严重违反考场纪律行为的，组织测试的测试机构或者测试站点应当取消其考试资格或者考试成绩，并报送国家测试机构记入全国普通话水平测试违纪人员档案。测试机构认为有必要的，还可以通报应试人就读学校或者所在单位。

第二十条　本规定自2022年1月1日起施行。2003年5月21日发布的《普通话水平测试管理规定》（教育部令第16号）同时废止。

普通话水平测试规程

（2023年4月1日起施行）

为有效保障普通话水平测试实施，保证普通话水平测试的公正性、科学性、权威性和严肃性，依据《普通话水平测试管理规定》（教育部令第51号），制定本规程。

第一章　统筹管理

第一条　国务院语言文字工作部门设立或指定的国家测试机构负责全国测试工作的组织实施和质量监管。

省级语言文字工作部门设立或指定的省级测试机构负责本行政区域内测试工作的组织实施和质量监管。

第二条　省级测试机构应于每年10月底前明确本行政区域内下一年度测试计划总量及实施安排。

省级测试机构应按季度或月份制订测试计划安排，并于测试开始报名前10个工作日向社会公布。

第三条　省级测试机构应于每年1月底前向国家测试机构和省级语言文字工作部门报送上一年度测试工作总结。国家测试机构应于每年2月底前向国务院语言文字工作部门报送全国测试工作情况。

第二章　测试站点

第四条　省级测试机构在省级语言文字工作部门领导下负责设置测试站点。测试站点的设立要充分考虑社会需求，合理布局，满足实施测试所需人员、场地及设施设备等条件。测试站点建设要求由国家测试机构另行制定。

测试站点不得设立在社会培训机构、中介机构或其他营利性机构或组织。

第五条　省级测试机构应将测试站点设置情况报省级语言文字工作部门，并报国家测试机构备案。本规程发布后新设立或撤销的测试站点，须在设立或撤销的1个月内报国家测试机构备案。

第六条　在国务院语言文字工作部门的指导下，国家测试机构可根据工作需要设立测试站点。

第七条　测试站点设立和撤销信息应及时向社会公开。

第三章　考场设置

第八条　测试站点负责安排考场，考场应配备管理人员、测试员、技术人员以及其他考务人员。

第九条　考场应设有候测室和测试室，总体要求布局合理、整洁肃静、标识清晰、严格落实防疫、防传染病要求，做好通风消毒等预防性工作，加强考点卫生安全保障。

候测室供应试人报到、采集信息、等候测试。候测室需张贴或播放应试须知、测试流程等。

测试室每个机位应为封闭的独立空间，每次只允许1人应试；暂时不具备条件需利用教室或其他共用空间开展测试的，各测试机位间隔应不少于1.8米。

第十条　普通话水平测试采用计算机辅助测试（简称机辅测试）。用于测试的计算机应安装全国统一的测试系统，并配备话筒、耳机、摄像头等必要的设施设备。

经国家测试机构同意，特殊情况下可采用人工测试并配备相应设施设备。

第四章　报名办法

第十一条　参加测试的人员通过官方平台在线报名。测试站点暂时无法提供网上报名服务的，报名人员可持有效身份证件原件在测试站点现场报名。

第十二条　非首次报名参加测试人员，须在最近一次测试成绩发布之后方可再次报名。

第五章　测试试卷

第十三条　测试试卷由国家测试机构统一编制和提供，各级测试机构和测试站点不得擅自更改、调换试卷内容。

第十四条　测试试卷由测试系统随机分配，应避免短期内集中重复使用。

第十五条　测试试卷仅限测试时使用，属于工作秘密，测试站点须按照国家有关工作秘密相关要求做好试卷保管工作，任何人不得泄露或外传。

第六章　测试流程

第十六条　应试人应持准考证和有效身份证件原件按时到指定考场报到。迟到30分钟以上者，原则上应取消当次测试资格。

第十七条　测试站点应认真核对确认应试人报名信息。因应试人个人原因导致信息不一致的，取消当次测试资格。

第十八条　应试人报到后应服从现场考务人员安排。进入测试室时，不得携带手机等各类具有无线通讯、拍摄、录音、查询等功能的设备，不得携带任何参考资料。

第十九条　测试过程应全程录像。暂不具备条件的，应采集应试人在测试开始、测试进行、测试结束等不同时段的照片或视频，并保存不少于3个月。

第二十条　测试结束后，经考务人员确认无异常情况，应试人方可离开。

第七章　成绩评定

第二十一条　测试成绩评定的基本依据是《普通话水平测试大纲》和《计算机辅助普通话水平测试评分试行办法》。

第二十二条　"读单音节字词""读多音节词语""朗读短文"测试项由测试系统评分。

"选择判断"和"命题说话"，由2位测试员评分；或报国家测试机构同意后试行测试系统加1位测试员评分。

测试最终成绩保留小数点后1位小数。

第二十三条　测试成绩由省级测试机构或国家测试机构认定发布。

测试成绩在一级乙等及以下的，由省级测试机构认定，具体实施办法由国家测试机构另行规定。

测试成绩达到一级甲等的，由省级测试机构复审后提交国家测试机构认定。

未经认定的成绩不得对外发布。

第二十四条　一级乙等及以下的成绩认定原则上在当次测试结束后30个工作日内完成。一级甲等的成绩认定顺延15个工作日。

第二十五条　应试人对测试成绩有异议的，可以在测试成绩发布后15个工作日内向其参加测试的站点提出复核申请。具体按照《普通话水平测试成绩申请复核暂行办法》执行。

第八章　等级证书

第二十六条　等级证书的管理按照《普通话水平测试等级证书管理办法》执行。

第二十七条　符合更补证书条件的，按以下程序办理证书更补：

（一）应试人向其参加测试的站点提交书面申请以及本人有效身份证复印件、等级证书原件或国家政务服务平台的查询结果等相关材料。

（二）省级语言文字工作部门或省级测试机构每月底审核汇总更补申请，加盖公章后提交国家测试机构。国家测试机构自受理之日起15个工作日内予以更补。

（三）纸质证书更补时效为自成绩发布之日起1年内，逾期不予受理。

第二十八条　应试人应及时领取纸质证书。自成绩发布之日起1年后未领取的纸质证书，由测试机构按照内部资料予以清理销毁。

第九章　数据档案

第二十九条　测试数据档案包括测试数据和工作档案。

第三十条　测试数据包括报名信息、成绩信息、测试录音、测试试卷、现场采集的应试人照片等电子档案。测试数据通过测试系统归档，长期保存。调取和使用已归档保存的测试数据，需经省级测试机构或国家测试机构同意。

第三十一条　数据档案管理者及使用人员应采取数据分类、重要数据备份和加密等措施，维护数据档案的完整性、保密性和可用性，防止数据档案泄露或者被盗窃、篡改。

第三十二条　测试工作档案包括测试计划和工作总结、考场现场情况记录、证书签收单据、成绩复核资料等，由各级测试机构和测试站点自行妥善保管，不得擅自公开或外传。

第十章　监督检查

第三十三条　国家测试机构对各级测试机构和测试站点进行业务指导、监督、检查。省级测试机构对省级以下测试机构和测试站点进行管理、监督、检查。

第三十四条　监督检查的范围主要包括计划完成情况、测试实施流程、试卷管理、成绩评定、证书管理、数据档案管理等。监督检查可采用现场视导、查阅资料、测试录音复审、测试数据分析等方式。

第十一章　违规处理

第三十五条　未按要求开展工作的测试机构和测试工作人员，按照《普通话水平测试管理规定》（教育部令第51号）有关规定处理。省级测试机构须在处理完成后10个工作日内将相关情况报省级语言文字工作部门，并报国家测试机构备案。

第三十六条　受到警告处理的测试站点，应在1个月内完成整改，经主管的语言文字工作部门验收合格后可撤销警告。再次受到警告处理的，暂停测试资格。

第三十七条　受到暂停测试资格处理的测试站点，应在3个月内完成整改，经主管的语言文字工作部门验收合格后方可重新开展测试。再次受到暂停测试资格处理的，永久取消其测试资格。

第三十八条　非不可抗拒的因素连续2年不开展测试业务的测试站点由省级测试机构予以撤销。

第三十九条　测试现场发现替考、违规携带设备、扰乱考场秩序等行为的，取消应试人当次测试资格。公布成绩后被认定为替考的，取消其当次测试成绩，已发放的证书予以作废，并记入全国普通话水平测试违纪人员档案，视情况通报应试人就读学校或所在单位。

第十二章　附　则

第四十条　省级测试机构可根据实际情况在省级语言文字工作部门指导下制定实施细则，并报国家测试机构备案。

第四十一条　视障、听障人员参加测试的，按照专门办法组织实施。

第四十二条　如遇特殊情况，确有必要对常规测试流程做出适当调整的，由省级语言文字工作部门报国务院语言文字工作部门批准后实施。

第四十三条　本规程自2023年4月1日起施行。2003年印发的《普通话水平测试规程》和2008年印发的《计算机辅助普通话水平测试操作规程（试行）》同时废止。

第 二 章
普通话水平测试语音基础

第一节 | 普通话语音概说

一、语音的性质

语音是由人类发音器官发出来、具有一定意义、能起社会交际作用的声音，它是语言的物质外壳，是语义信息的载体。语音具有物理属性、生理属性和社会属性。

（一）语音的物理属性

语音首先是一种声音，它和自然界各种声音一样，也具有物理属性，有音高、音强、音长、音色四个要素。

（二）语音的生理属性

语音是人类通过发音器官振动与调节而产生的声音，因而具有生理属性。人的发音器官由呼吸器官、发声器官和共鸣器官三个部分组成。

口腔的松紧与开合、发声器官活动的部位和方法不同，都会产生各种不同的声音，形成声音形式的丰富变化。

（三）语音的社会属性

语音不只是一种简单的声音，而且承载着一定社会意义。语音和意义的联系是人们在长期的语言实践中约定俗成的，具有民族特征和地方特征。这就决定了语音具有社会属性，这也是语音区别于自然界其他声音的最根本的属性。

二、语音的基本单位

（一）音节

音节是听觉上最容易分辨出来的最自然的语音单位。人们说话时总是一个音节一个音节发出来的。一般情况下，一个汉字字音就是一个音节。比如：

汉语是我们的母语。Hànyǔ shì wǒmen de mǔyǔ.

这8个汉字写成拼音就是8个音节。有极少数的情况例外，比如，"小孩儿"这三个字是两个音节，"孩儿"连成一个音节。

普通话音节一般由声母、韵母、声调三个部分组成。声母和韵母相拼构成的基本音节（包括零声母音节）有400多个，加上声调，有1200多个音节。

普通话音节主要特点是：

（1）一个音节最多包含四个音素，如"江"（jiāng），最少有一个音素，如"啊"（ā）。

（2）每一个音节都有声调。

（3）每一个音节都有元音，一个音节最多可以有三个元音，如"有"（yǒu）、怀（huái），分别有"i、o、u"三个元音和"u、a、i"三个元音。例外是鼻辅音有时可以单独充当音节，如"嗯"（ng）。

（4）一个音节中可以没有辅音，也可以有一个或两个辅音，但没有相连的辅音（复辅音）。

（二）音素

音素是从音色角度划分出来的最小的语音单位，一个音节可以由一个至四个音素组成。普通话共有32个音素，其中元音音素10个，辅音音素22个。

元音又叫"母音"。发音时气流振动声带，在口腔、咽腔不受阻碍。发元音时，可以通过舌唇的位置与形状的变化，改变口腔共鸣的大小形状，从而发出不同的元音。普通话有10个元音，分别是：

a、o、e、ê、i、u、ü、er、-i（前）、-i（后）。

辅音又叫"子音"，气流在发音器官中（主要指口腔）受到一定程度的阻碍或阻塞。普通话有22个辅音，分别是：

b、p、m、f、d、t、n、l、g、k、h、ng、j、q、x、zh、ch、sh、r、z、c、s。

第二节 | 声母

一、声母概说

声母是音节开头的部分，普通话共有22个声母，其中21个声母都由辅音充当。语音学把没有辅音声母的音节称为零声母音节，零声母也是一种声母。下列词语都是零声母音节：

熬夜 áoyè　　　恩爱 ēn'ài　　　偶尔 ǒu'ěr　　　安慰 ānwèi

以外 yǐwài　　　晚安 wǎn'ān　　　原因 yuányīn　　　孕育 yùnyù

辅音和声母是从不同的角度分析出来的，是两个不同的概念。辅音在绝大多数音节中充当开头的声母，辅音n、ng还能充当韵尾。

二、声母的分类

根据辅音的发音部位和发音方法，21个辅音声母分类如表2-1所示。

表2-1　21个辅音声母分类

发音部位		塞音		塞擦音		擦音		鼻音	边音
		不送气	送气	不送气	送气	清音	浊音	浊音	浊音
双唇音	上唇、下唇	b[p]	p[pʰ]					m[m]	
唇齿音	上唇、下齿					f[f]			
舌尖前音	舌尖、上齿背			z[ts]	c[tsʰ]	s[s]			
舌尖中音	舌尖、上齿龈	d[t]	t[tʰ]					n[n]	l[l]
舌尖后音	舌尖、硬腭前			zh[tʂ]	ch[tʂʰ]	sh[ʂ]	r[ɻ]		
舌面音	舌面前、硬腭前			j[tɕ]	q[tɕʰ]	x[ɕ]			
舌根音	舌根、软腭	g[k]	k[kʰ]			h[x]			

（一）按发音部位分类

普通话辅音声母按发音部位可分为以下七类：

（1）双唇音：又叫双唇阻，由上下唇构成阻碍（b、p、m）。

（2）唇齿音：又叫唇齿阻，由下唇和上齿构成阻碍（f）。

（3）舌尖前音：又叫平舌音、舌尖前阻，由舌尖向上门齿背接触或接近构成阻碍（z、c、s）。

（4）舌尖中音：又叫舌尖中阻，由舌尖和上齿龈构成阻碍（d、t、n、l）。

（5）舌尖后音：又叫翘舌音、舌尖后阻，舌尖向硬腭前端接触或接近构成阻碍（zh、ch、sh、r）。

（6）舌面音：又叫舌面阻，由舌面前部向硬腭前部接触或接近构成阻碍（j、q、x）。

（7）舌根音：又叫舌根阻，舌面后部向硬腭和软腭交界处接触或接近构成阻碍（g、k、h）。

（二）按发音方法分类

普通话辅音声母的发音方法有以下五种：

（1）塞音：也叫"爆发音"，发音时，成阻的发音部位完全形成闭塞，堵住气流，从肺部呼出的气流在口腔中不断冲击成阻部位，成阻部位突然解除阻塞，使积蓄的气流冲破阻碍爆发成音。普通话有6个塞音：b、p、d、t、g、k。

（2）擦音：也叫"摩擦音"。成阻时发音部位之间相接近形成一定的缝隙，持阻时，气流从窄缝中挤过摩擦成音。普通话有6个擦音：f、h、x、s、sh、r。

（3）塞擦音：发音时以"塞音"开始，以"擦音"结束，是"塞音"和"擦音"的紧密结合。发音开始时，发音部位先完全闭塞堵住气流，然后慢慢放松，阻塞部位形成一定的缝隙，气流从窄缝中摩擦成音。普通话有6个塞擦音：j、q、z、c、zh、ch。

（4）鼻音：发音时，发音部位完全闭塞封住口腔通路，同时软腭小舌下垂打开鼻腔通路。从肺里呼出的气流振动声带到达口腔，因受到阻碍，只好从鼻腔流出而成音。普通话有3个鼻音：m、n、ng，其中ng不能作声母。

（5）边音：发音时，舌头后缩，舌尖与上齿龈接触，舌头两边仍留有空隙，同时软腭上升阻塞鼻腔的通路，声带振动，气流从舌头两边的缝隙通过而成音。普通话只有一个边音：l。

普通话辅音除了上述五种发音方法外，还根据发音时气流的强弱把塞音和塞擦音区分为送气音和不送气音。

（1）不送气音：发音时气流较弱，较缓和。普通话一共有6个不送气音：b、d、g、j、z、zh。

（2）送气音：发音时气流较强，较显著。普通话一共有6个送气音：p、t、k、q、c、ch。

普通话辅音声母根据发音时声带是否振动分为"清音"和"浊音"。清音发音时声带不振动，浊音发音时声带振动。普通话声母有4个浊辅音：m、n、l、r，其他都是清音。

三、声母的发音要领

b 双唇、不送气、清、塞音

双唇闭合，软腭上升，关闭鼻腔通路；气流到达双唇后蓄气，积蓄在口腔中的气流突然打开双唇而成声。

颁布 bānbù	北边 běibiān	奔波 bēnbō	卑鄙 bēibǐ
壁报 bìbào	碧波 bìbō	辨别 biànbié	步兵 bùbīng

p 双唇、送气、清、塞音

成阻和持阻阶段与b相同。除阻时，声门大开，从肺部呼出一股较强气流冲开双唇而成声。

排炮 páipào　　　澎湃 péngpài　　　批评 pīpíng　　　匹配 pǐpèi

偏旁 piānpáng　　偏僻 piānpì　　　拼盘 pīnpán　　　乒乓 pīngpāng

m 双唇、浊、鼻音

双唇闭合，软腭下垂，打开鼻腔通路；声带振动，气流同时到达口腔和鼻腔，在口腔的双唇后受到阻碍，气流从鼻腔透出而成声。

麦苗 màimiáo　　　茂密 màomì　　　美妙 měimiào　　　磨灭 mómiè

弥漫 mímàn　　　渺茫 miǎománg　　明媚 míngmèi　　命名 mìngmíng

f 齿唇、清、擦音

下唇向上门齿靠拢，形成间隙；软腭上升，关闭鼻腔通路；使气流从齿唇形成的间隙摩擦通过而成声。

发奋 fāfèn　　　繁复 fánfù　　　方法 fāngfǎ　　　芳菲 fāngfēi

非凡 fēifán　　　肺腑 fèifǔ　　　丰富 fēngfù　　　复方 fùfāng

z 舌尖前、不送气、清、塞擦音

舌尖抵住上门齿背形成阻塞，在阻塞的部位后积蓄气流；同时软腭上升，关闭鼻腔通路；突然解除阻塞时，在原形成阻塞的部位之间保持适度的间隙，使气流从间隙透出而成声。

栽赃 zāizāng　　　在座 zàizuò　　　总则 zǒngzé　　　自在 zìzài

自尊 zìzūn　　　祖宗 zǔzong　　　罪责 zuìzé　　　总则 zǒngzé

c 舌尖前、送气、清、塞擦音

成阻阶段与 z 相同。与 z 不同的是，在突然解除阻塞时，声门开启，同时伴有一股较强的气流从间隙中透出而成声。

猜测 cāicè　　　残存 cáncún　　　草丛 cǎocóng　　　参差 cēncī

层次 céngcì　　　葱翠 cōngcuì　　　粗糙 cūcāo　　　催促 cuīcù

s 舌尖前、清、擦音

舌尖接近上门齿背，形成间隙；同时软腭上升，关闭鼻腔通路；气流从间隙摩擦通过而成声。

洒扫 sǎsǎo　　　色素 sèsù　　　僧俗 sēngsú　　　思索 sīsuǒ

搜索 sōusuǒ　　松散 sōngsǎn　　诉讼 sùsòng　　　琐碎 suǒsuì

d 舌尖中、不送气、清、塞音

舌尖抵住上齿龈，形成阻塞；软腭上升，关闭鼻腔通路；气流到达口腔后蓄气，突然解除阻塞而成声。

到达 dàodá	带动 dàidòng	担当 dāndāng	等待 děngdài
调动 diàodòng	电灯 diàndēng	顶端 dǐngduān	断定 duàndìng

t 舌尖中、送气、清、塞音

成阻、持阻阶段与d相同。除阻阶段声门大开，从肺部呼出一股较强的气流冲开阻塞部位而成声。

逃脱 táotuō	淘汰 táotài	谈吐 tántǔ	探听 tàntīng
颓唐 tuítáng	厅堂 tīngtáng	体坛 tǐtán	天庭 tiāntíng

n 舌尖中、浊、鼻音

舌尖抵住上齿龈，形成阻塞；软腭下垂，打开鼻腔通路；声带振动，气流同时到达口腔和鼻腔，在口腔受到阻碍，气流从鼻腔透出而成声。

拿捏 nániē	恼怒 nǎonù	男女 nánnǚ	能耐 néngnai
泥泞 nínìng	袅娜 niǎonuó	牛腩 niúnǎn	农奴 nóngnú

l 舌尖中、浊、边音

舌尖抵住上齿龈的后部，阻塞气流从口腔中路通过的通道；软腭上升，关闭鼻腔通路，声带振动；气流到达口腔后从舌头跟两颊内侧形成的空隙通过而成声。

劳力 láolì	磊落 lěiluò	理论 lǐlùn	嘹亮 liáoliàng
联络 liánluò	留恋 liúliàn	玲珑 línglóng	领略 lǐnglüè

zh 舌尖后、不送气、清、塞擦音

舌头前部上举，舌尖抵住硬腭前端，同时软腭上升，关闭鼻腔通路；在形成阻塞的部位后积蓄气流，突然解除阻塞时，在原形成阻塞的部位之间保持适度的间隙，使气流从间隙透出而成声。

站长 zhànzhǎng	真挚 zhēnzhì	斟酌 zhēnzhuó	珍重 zhēnzhòng
正直 zhèngzhí	整治 zhěngzhì	支柱 zhīzhù	壮志 zhuàngzhì

ch 舌尖后、送气、清、塞擦音

成阻阶段与zh相同。与zh不同的是，在突然解除阻塞时，声门开启，同时伴有一股较强的气流从间隙中透出而成声。

长城 chángchéng	车床 chēchuáng	驰骋 chíchěng	赤城 chìchéng
惆怅 chóuchàng	重唱 chóngchàng	出差 chūchāi	戳穿 chuōchuān

sh 舌尖后、清、擦音

舌头前部上举，接近硬腭前端，形成适度的间隙；同时软腭上升，关闭鼻腔通路；气流从间隙摩擦通过而成声。

山水 shānshuǐ　　闪烁 shǎnshuò　　赏识 shǎngshí　　少数 shǎoshù

伸手 shēnshǒu　　事实 shìshí　　舒适 shūshì　　树梢 shùshāo

r 舌尖后、浊、擦音

舌头前部上举，接近硬腭前端，形成适度的间隙；同时软腭上升，关闭鼻腔通路；声带振动，气流从间隙摩擦通过而成声。

扰攘 rǎorǎng　　仍然 réngrán　　容忍 róngrěn　　荣辱 róngrǔ

融入 róngrù　　柔弱 róuruò　　柔韧 róurèn　　如若 rúruò

j 舌面前、不送气、清、塞擦音

舌尖抵住下门齿背，使舌面前部贴紧前硬腭，软腭上升，关闭鼻腔通路；在阻塞的部位后面积蓄气流，突然解除阻塞时，在原形成阻塞的部位之间保持适度的间隙，使气流从间隙透出而成声。

佳节 jiājié　　坚决 jiānjué　　交际 jiāojì　　即将 jíjiāng

结晶 jiéjīng　　境界 jìngjiè　　究竟 jiūjìng　　聚集 jùjí

q 舌面前、送气、清、塞擦音

成阻阶段与 j 相同。与 j 不同的是当舌面前部与前硬腭分离并形成适度间隙，一般较强的气流从空隙摩擦通过而成声。

千秋 qiānqiū　　强求 qiǎngqiú　　崎岖 qíqū　　齐全 qíquán

亲戚 qīnqi　　亲切 qīnqiè　　情趣 qíngqù　　清泉 qīngquán

x 舌面前、清、擦音

舌尖抵住下齿背，使舌面前部接近硬腭前部，形成适度的间隙，气流从空隙摩擦通过而成声。

细心 xìxīn　　下旬 xiàxún　　纤细 xiānxì　　显现 xiǎnxiàn

现象 xiànxiàng　　想象 xiǎngxiàng　　学习 xuéxí　　学校 xuéxiào

g 舌根、不送气、清、塞音

舌面后部隆起抵住硬腭和软腭交界处，形成阻塞；软腭上升，关闭鼻腔通路；气流在形成阻塞的部位后面积蓄；突然解除阻塞而成声。

改革 gǎigé　　高贵 gāoguì　　公告 gōnggào　　巩固 gǒnggù

故宫 gùgōng　　光顾 guānggù　　桂冠 guìguān　　国歌 guógē

k 舌根、送气、清、塞音

成阻、持阻阶段与 g 相同。除阻阶段声门大开，从肺部呼出一股较强气流而成声。

开课 kāikè　　开垦 kāikěn　　坎坷 kǎnkě　　慷慨 kāngkǎi

可靠 kěkào　　刻苦 kèkǔ　　夸口 kuākǒu　　宽阔 kuānkuò

h 舌根、清、擦音

舌面后部隆起接近硬腭和软腭的交界处，形成间隙；软腭上升，关闭鼻腔通路；使气流从形成的间隙摩擦通过而成声。

航海 hánghǎi   豪华 háohuá   浩瀚 hàohàn   荷花 héhuā

花卉 huāhuì   欢呼 huānhū   黄河 huánghé   浑厚 húnhòu

【朗读绕口令】

（1）八百标兵奔北坡，北坡炮兵并排跑；炮兵怕把标兵碰，标兵怕碰炮兵炮。

（2）粉红墙上画凤凰，凤凰画上粉红墙；红凤凰，黄凤凰，粉红凤凰，花凤凰，好似天上飞着两对真凤凰。

（3）调到敌岛打特盗，特盗太刁投短刀，挡推顶打短刀掉，踏刀得刀盗打倒。

（4）白石塔，白石搭。白石搭白塔，白塔白石搭。搭好白石塔，白塔白又大。

（5）牛郎年年恋刘娘，刘娘连连念牛郎。牛郎恋刘娘，刘娘念牛郎，郎恋娘来娘念郎，娘念郎来郎恋娘。

（6）四十四个字和词，组成一首子词丝的绕口词。桃子、李子、梨子、栗子、橘子、柿子、榛子栽满院子、村子和寨子。名词、动词、数词、代词、量词、助词、连词，造成语词、诗词和唱词。蚕丝、生丝、熟丝、缫丝、晒丝、织丝，自制粗丝、细丝、人造丝。

（7）七巷有一个锡匠，西巷有一个漆匠。七巷的锡匠拿了西巷漆匠的漆；西巷的漆匠也拿了七巷锡匠的锡。七巷的锡匠嘲笑西巷漆匠拿了锡，西巷的漆匠讥笑七巷锡匠拿了漆。

（8）上桑山，砍山桑，背着山桑下桑山。

（9）四是四，十是十，十四是十四，四十是四十，谁能说准四十，十四，四十四，谁来试一试。

（10）树上结了四十四个涩柿子，树下蹲着四十四头石狮子；树下四十四头石狮子要吃树上四十四个涩柿子，树上四十四个涩柿子不让树下四十四头石狮子吃它们树上四十四个涩柿子。

（11）哥挎瓜筐过宽沟，赶快过沟看怪狗，光看怪狗瓜筐扣，瓜滚筐空哥怪狗。

（12）黑化肥发灰，灰化肥发黑。黑化肥发灰会挥发，灰化肥挥发会发黑。黑化肥发灰挥发会花飞，灰化肥挥发发黑会飞花。

四、声母的发音难点

（一）咬字器官适当用力，发音要有弹性

声母是一个字音的起始部分，是整个字音的着力点，如果字头没有力量，一个字音就立不起来，所以发声母的时候，咬字器官要适当用力，但又不能咬得太死，否则字音就显得笨拙。另外，字头不能太长，否则就无法做到"字正腔圆"。所以发字头的时候要注意部位准确，气息饱满，结实有力，叼住弹出，短暂敏捷，干净利落，这样才能带动其后的发音。

发双唇音b、p、m时，要加大双唇的力度。发音时双唇要绷紧，使口腔两壁的肌肉紧张，给气流造成一定的压力，爆破时把力量集中在双唇的中部，喷发有力，使字音准确、清晰、响亮。

发f时，上齿与下唇要自然放松，要留有缝隙能够使气流均匀平缓地摩擦而出，摩擦过程不要太长，以免发音听上去笨拙。

（二）区分平翘舌音

有些方言区没有zh、ch、sh、r这组声母，区分平翘舌音是很多应试者学习普通话声母的重点和难点。

发z、c、s的时候，部位要准确，成阻面要小，力量要集中，不要把舌头整个前部贴在上齿背或齿龈上，否则舌头中部无力；也不能把舌尖顶在牙齿中间，否则就发成"齿间音"，一定要注意避免。

发zh、ch、sh、r的时候，一定要找准发音部位，舌位偏前或者偏后都是不正确的。还要注意唇形，这几个音发音的正确唇形是自然展开的，而不是圆唇的。

不少应试者在测试的时候将平舌音和翘舌音混淆，在平时练习的时候，除了要把握平舌音和翘舌音的正确发音以外，还要记住常用字的正确读音，注意区分平、翘舌音字。

1.平翘舌音字的区分方法

（1）利用形声字的声旁来辨记

在现行汉字中，形声字占了很大比例，我们可以利用形声字的声旁来记住平翘舌音字。例如，"中"是一个翘舌音字，那么以"中"为声旁的字一般来说是翘舌音字：种、钟、肿、盅、忠、衷、仲、舯、冲、忡等。"曾"是一个平舌音字，那么以"曾"为声旁的字一般来说也是平舌音字：蹭、噌、增、赠、憎、缯、甑、罾。

（2）利用声母和韵母的拼合规律

普通话中的21个辅音声母并不是与39个韵母中任何一个都能相拼的，所以可以利用声母与韵母的某些拼合规律来帮助记忆。

①平舌音z、c、s不与韵母ua、uai、uang相拼，如：抓、拽、装、踹、窗、刷、摔、双等都是翘舌音字。

②平舌音z、c、s与前鼻韵en相拼的字极少，常用的只有怎、森、岑、参（参差）等几个；其他与en相拼的字，如真、阵、臣、尘、晨、沉、趁、伸、深等都是翘舌音字。

（3）记少不记多原则

在平舌音与翘舌音中，翘舌音占了大部分，首先记住常用的平舌音字，然后在使用时运用排除法推算，即在分辨平、翘舌音字时，假如碰到没有把握的字，又不是自己所记住的常用平舌音字范围中的字，那一般就是翘舌音字了。

（4）对少部分字音特殊的字进行强化记忆

我们可以利用声旁和声韵拼合规律等进行类推，这固然能解决大部分的平、翘舌音字的区分问题。但是，还有一小部分字是比较特殊的，如声旁是翘舌音的，字却是平舌音的：速、作、昨、擦、嚓、诉、窜、蛳、暂、惭、脏、赃、钻等。声旁是平舌音的，字却是翘舌音的：崇、铡、删、珊、跚、瘦、捉、疮、创、怆等。这些字需要我们逐一记忆。

词语对比练习

自愿 zìyuàn—支援 zhīyuán   阻力 zǔlì—助力 zhùlì

物资 wùzī—无知 wúzhī   早稻 zǎodào—找到 zhǎodào

粗气 cūqì—初期 chūqī   推辞 tuīcí—推迟 tuīchí

粗浅 cūqiǎn—出钱 chūqián   残品 cánpǐn—产品 chǎnpǐn

搜集 sōují—手迹 shǒujì   肃立 sùlì—竖立 shùlì

桑叶 sāngyè—商业 shāngyè   私人 sīrén—世人 shìrén

（三）区分n与l

受方言影响，有些应试人会把n和l混淆，一定要注意区分。

n和l的发音部位是一样的，但是他们的发音方法却不一样。n是鼻音，l是边音。发n的时候，堵住口腔通道，软腭下降，打开鼻腔通道，以便气流从鼻腔流出。l发音时，舌尖抵住上齿龈，软腭上升，堵塞鼻腔通路，气流振动声带，从舌头两边通过。

词语对比练习

诬赖 wūlài—无奈 wúnài   黄历 huánglì—黄泥 huángní

水流 shuǐliú—水牛 shuǐniú   意念 yìniàn—依恋 yīliàn

女客 nǚkè—旅客 lǚkè   南宁 nánníng—兰陵 lánlíng

（四）区分 r 与 l

有些应试者常常把 r 发成 l，比如把"人民"读成"棱民"。两者的发音部位和发音方法都不相同，请注意区分。r 是翘舌音，发音时舌尖对准硬腭前端并要振动声带发成浊擦音。可以由 sh 开始练习，因为 r 和 sh 的发音部位和基本方法都一致，只是 r 是个浊音。练习时，先发 sh，然后延长该音并保持原来的舌位，再振动声带，发出 r。要发准 r 母，不仅要掌握其发音方法，而且还要注意发韵母时，舌尖不要快速放平。初练时可以用夸张的发音方法，即放慢发音速度，延长音节，等听到一个较为清晰的 r 母后再接着发韵母。

词语对比练习

乐了 lèle—热了 rèle   兔笼 tùlóng—兔绒 tùróng

卤汁 lǔzhī—乳汁 rǔzhī   出路 chūlù—出入 chūrù

立论 lìlùn—利润 lìrùn   陆路 lùlù—录入 lùrù

（五）发好舌面音 j、q、x

有不少应试者发 j、q、x 的时候，出现"尖音"问题，这是一种语音缺陷。j、q、x 是舌面音，舌尖不参与发音。如果舌尖参与发音，叫"尖音"。总体而言，女性存在的"尖音"问题比男性多。

克服尖音现象的方法是发音时牢记 j、q、x 是舌面前音，因此，是舌面在起作用。请控制好口腔状态，提颧肌，打牙关，舌头后缩，舌面前部向上抬起。发音过程中，舌尖放松，舌面前部用力（紧张），而不要让舌尖碰到齿背。

词语练习

皆大欢喜	惊天动地	见景生情	解放思想	锦上添花	兢兢业业
千载难逢	求同存异	恰如其分	取之不尽	奇珍异宝	旗鼓相当
喜出望外	细水长流	心花怒放	熙熙攘攘	弦外之音	现身说法

（六）区分 f 与 h

在有些方言区，f 与 h 容易混淆。这两个声母的发音部位不一样，f 是唇齿音，气流在上齿和下唇之间受到阻碍；h 是舌根音，舌根与软腭构成阻碍。一定要注意区分。

词语对比练习

诽谤 fěibàng—毁谤 huǐbàng   热敷 rèfū—热乎 rèhu

幅度 fúdù—弧度 húdù   工会 gōnghuì—公费 gōngfèi

开花 kāihuā—开发 kāifā   护士 hùshi—复试 fùshì

第三节 | 韵母

一、韵母概说

韵母是汉语音节中声母后面的部分。普通话一共有39个韵母，韵母的结构可以分为韵头、韵腹、韵尾。其中韵腹是字音中最不可缺少的，是发音最响亮的元音。有的韵母有韵头、韵腹和韵尾，有的只有韵头和韵腹，有的只有韵腹和韵尾，还有的只有韵腹。

二、韵母的分类

韵母可以按不同的标准分类。按内部结构，韵母可以分为单韵母、复韵母、鼻韵母三类。

单韵母：由单元音充当的韵母，舌位和唇形没有明显的移动变化。

a、o、e、ê、i、u、ü、er、-i（前）、-i（后）

复韵母：由复合元音充当的韵母，发音过程中舌位和唇形连续移动变化。

前响复韵母：ai　ei　ao　ou

后响复韵母：ia　ie　ua　uo　üe

中响复韵母：iao iou uai uei

鼻韵母：由元音带上鼻辅音韵尾构成的韵母。

前鼻韵母：an　en　in　ian　uan　uen　üan　ün

后鼻韵母：ang eng ing iang uang ueng ong iong

根据韵母开头元音的发音口形，39个韵母可分为：开口呼、齐齿呼、合口呼、撮口呼，简称"四呼"。

开口呼：指没有韵头，韵腹又不是i、u、ü的韵母。共有15个：

a、o、e、ai、ei、ao、ou、an、en、ang、eng、ê、-i（前）、-i（后）、er

齐齿呼：指韵头或韵腹是i的韵母，共有9个：

i、ia、ie、iao、iou、ian、in、iang、ing

合口呼：指韵头或韵腹是u的韵母，共有10个：

u、ua、uo、uai、uei、uan、uen、uang、ueng、ong

撮口呼：指韵头或韵腹是ü的韵母，共有5个：

ü、üe、üan、ün、iong

三、韵母的发音要领

（一）单韵母

a 央、低、不圆唇元音

口大开，舌尖微离下齿背，舌面中部微微隆起与硬腭后部相对。发音时声带振动，软腭上升，关闭鼻腔通路。

打靶 dǎbǎ	打岔 dǎchà	发达 fādá	马达 mǎdá
喇叭 lǎba	大厦 dàshà	麻辣 málà	沙发 shāfā

o 后、半高、圆唇元音

上下唇自然拢圆，舌身后缩，舌面后部稍隆起与软腭相对，舌位介于半高半低之间。发音时声带振动，软腭上升，关闭鼻腔通路。

泼墨 pōmò	薄膜 bómó	婆婆 pópo	摩托 mótuō
磨破 mópò	磨墨 mómò	默默 mòmò	伯伯 bóbo

e 后、半高、不圆唇元音

口半闭，展唇，舌身后缩，舌面后部稍隆起与软腭相对，比元音o略高而偏前。发音时，声带振动，软腭上升，关闭鼻腔通路。

隔阂 géhé	合格 hégé	色泽 sèzé	客车 kèchē
特色 tèsè	折射 zhéshè	可乐 kělè	歌德 gēdé

ê 前、中、不圆唇元音

口自然打开，展唇，舌尖抵住下齿背，使舌面前部隆起与硬腭相对。发音时，声带振动，软腭上升，关闭鼻腔通路。这个韵母单独注音只有一个叹词"欸"。ê的主要用途是与i、ü组成复韵母。

i 前、高、不圆唇元音

口微开，两唇呈扁平形；上下齿相对（齐齿），舌尖接触下齿背，使舌面前部隆起与硬腭前部相对。发音时，声带振动，软腭上升，关闭鼻腔通路。

笔记 bǐjì	激励 jīlì	记忆 jìyì	霹雳 pīlì
习题 xítí	细腻 xìnì	集体 jítǐ	礼仪 lǐyí

u 后、高、圆唇元音

两唇收缩成圆形，略向前突出；舌后缩，舌面后部隆起与软腭相对。发音时，声带振动，软腭上升，关闭鼻腔通路。

补助 bǔzhù	读物 dúwù	辜负 gūfù	瀑布 pùbù
入伍 rùwǔ	疏忽 shūhu	督促 dūcù	出路 chūlù

ü 前、高、圆唇元音

两唇拢圆，略向前突出；舌尖抵住下齿背，使舌面前部隆起与硬腭相对。发音时，声带振动，软腭上升，关闭鼻腔通路。

旅居 lǚjū	区域 qūyù	语序 yǔxù	絮语 xùyǔ
序曲 xùqǔ	雨具 yǔjù	须臾 xūyú	豫剧 yùjù

er 卷舌元音

口自然打开，舌位不前不后不高不低，舌前、中部上抬，舌尖向后卷，与硬腭前端相对。发音时，声带振动，软腭上升，关闭鼻腔通路。这个韵母虽用两个字母标写，但仍然是单韵母，其中 r 只是表示卷舌动作的字母，不是辅音韵尾。er 不与声母相拼而独自成音节。

而且 érqiě	儿歌 érgē	耳朵 ěrduo	偶尔 ǒu'ěr
二胡 èrhú	诱饵 yòu'ěr	儿子 érzi	耳坠 ěrzhuì

-i（前）舌尖前、不圆唇元音

口略开，展唇，舌尖与上齿背相对，保持适当距离。发音时，声带振动，软腭上升，关闭鼻腔通路。这个韵母在普通话里只出现在 z、c、s 声母的后面。

字词 zìcí	恣肆 zìsì	孜孜 zīzī	自此 zìcǐ
此次 cǐcì	次子 cìzǐ	四次 sìcì	私自 sīzì

-i（后）舌尖后、不圆唇元音

口略开，展唇，舌前端抬起与前硬腭相对。发音时，声带振动，软腭上升，关闭鼻腔通路。这个韵母在普通话里只出现在 zh、ch、sh、r 声母的后面。

制止 zhìzhǐ	支持 zhīchí	咫尺 zhǐchǐ	知识 zhīshi
值日 zhírì	实质 shízhì	实施 shíshī	日志 rìzhì

【朗读绕口令】

（1）坡上立着一只鹅，坡下就是一条河。宽宽的河，肥肥的鹅，鹅要过河，河要渡鹅，不知是鹅过河，还是河渡鹅？

（2）这天天下雨，体育运动委员会穿绿雨衣的女小吕去找计划生育委员会不穿绿雨衣的女老李，体育运动委员会穿绿雨衣的女小吕没找到计划生育委员会不穿绿雨衣的女老李，计划生育委员会不穿绿雨衣的女老李也没找到体育运动委员会穿绿雨衣的女小吕。

（二）复韵母

复韵母由两个或三个元音构成。普通话共有 13 个复韵母。复韵母发音的特点是由前一个元音的发音状态逐渐过渡到后一个元音的发音状态，气流不中断，整个发音过程形成一个整体。复韵母中各个元音的响度不同,其中开口度最大的音是主要元音,发音既清晰又响亮。根据主要元音所处的位置,复韵母可以分成三类:

1. 前响复韵母(ai ei ao ou)

前一个元音是韵腹,发音时开口度较大,清晰响亮;后一个元音是韵尾,发音较轻短、模糊。

ai:a比单韵母a舌位偏前,叫做"前a",要念得长而响;接着舌位向i的方向滑动升高,i轻而短,实际发音比单韵母i低一点儿。

爱戴 àidài	采摘 cǎizhāi	海带 hǎidài	拍卖 pāimài
灾害 zāihài	白菜 báicài	开采 kāicǎi	拆台 chāitái

ei:由于受到尾音i的影响,第一个元音比央e稍微靠前、更高一点,由前半高开始发音。发音时关闭鼻腔通道,舌尖抵住下齿背,舌位升高向i的方向滑动,口腔渐闭,e响亮而且更长,i弱而短,整个音动程比较短。

肥美 féiměi	配备 pèibèi	飞贼 fēizéi	非得 fēiděi
贝类 bèilèi	蓓蕾 bèilěi	黑煤 hēiméi	妹妹 mèimei

ao:由于受到o的影响,a发成后a。发音时,关闭鼻腔通道,舌尖后缩,舌尖离开下齿背,舌位逐渐上升向o的方向滑动。唇形逐渐由打开到收敛、拢圆。o的舌位比单元音o要高,接近u的位置,但舌位略低于u。首音a响而长,尾音o弱而短。

报考 bàokǎo	操劳 cāoláo	高潮 gāocháo	冒号 màohào
早操 zǎocāo	淘宝 táobǎo	吵闹 chǎonào	高傲 gāo'ào

ou:首音o比单元音o的舌位略高,发音时关闭鼻腔通道,舌位逐渐上升,向u的方向滑动。尾音u的舌位比单元音u的舌位略低,唇形逐渐收敛、拢圆。首音o更响、更长,尾音较短、较弱。

瘦肉 shòuròu	丑陋 chǒulòu	收购 shōugòu	绸缪 chóumóu
漏斗 lòudǒu	喉头 hóutóu	守候 shǒuhòu	佝偻 gōulóu

2. 后响复韵母(ia ie ua uo üe)

主要元音前面加韵头i、u、ü,起音轻短而清晰,后音明确而响亮。

ia:起音i紧而短,舌位向央a下滑,a响而长。

家鸭 jiāyā	压下 yāxià	加价 jiājià	下家 xiàjiā
假牙 jiǎyá	加压 jiāyā	压价 yājià	恰恰 qiàqià

ie:起音i紧而短,舌位下滑到ê,ê响而长。

结业 jiéyè	贴切 tiēqiè	铁屑 tiěxiè	谢谢 xièxie
歇业 xiēyè	爷爷 yéye	姐姐 jiějie	趔趄 lièqie

ua：起音u紧而短，舌位下滑到央ɑ，ɑ响而长。

花褂 huāguà	画画 huàhuà	耍滑 shuǎhuá	花袜 huāwà
挂花 guàhuā	挂画 guàhuà	呱呱 guāguā	娃娃 wáwa

uo：起音u紧而短，舌位下滑到o，o响而长，口由合到开但唇呈圆形。

错落 cuòluò	硕果 shuòguǒ	脱落 tuōluò	国货 guóhuò
懦弱 nuòruò	堕落 duòluò	哆嗦 duōsuo	坐落 zuòluò

üe：起音ü紧而短，舌位下滑到ê，ê响而长，唇略圆。

雀跃 quèyuè	雪月 xuěyuè	决绝 juéjué	绝学 juéxué
约略 yuēlüè	确切 quèqiè	虐待 nüèdài	血液 xuèyè

3.中响复韵母（iao iou uai uei）

由三个元音音素构成，发音时中间的韵腹清晰响亮，前面的韵头较轻短，后面的韵尾较含糊，音值不太稳定，仅表示舌位运动的方向。

iao：发音时，舌位由i下滑到后ɑ，ɑ响而长，再由后ɑ向o[u]滑升。发音过程中，舌位先降后升，由前到后，曲折幅度大。

吊销 diàoxiāo	萧条 xiāotiáo	巧妙 qiǎomiào	调料 tiáoliào
逍遥 xiāoyáo	渺小 miǎoxiǎo	叫嚣 jiàoxiāo	飘摇 piāoyáo

iou：发音时，舌位由i下滑到央e，再由央e向u滑升。发音过程中，舌位先降后升，由前到后，曲折幅度较大。

久留 jiǔliú	绣球 xiùqiú	优秀 yōuxiù	牛油 niúyóu
悠久 yōujiǔ	求救 qiújiù	秋游 qiūyóu	流油 liúyóu

uai：发音时，舌位由u下滑到前ɑ，ɑ响而长，再由前ɑ向i滑升。发音过程中，舌位先降后升，由后到前，曲折幅度大，唇形由圆到展。

摔坏 shuāihuài	怀揣 huáichuāi	外快 wàikuài	外踝 wàihuái
乖乖 guāiguāi	拽歪 zhuàiwāi	衰弱 shuāiruò	歪曲 wāiqū

uei：发音时，舌位由u下滑到央e（偏前），e响而长，再由e向i滑升。发音过程中，舌位先降后升，由后到前，曲折幅度较大，唇形从圆到展。

垂危 chuíwēi	归队 guīduì	追悔 zhuīhuǐ	荟萃 huìcuì
推诿 tuīwěi	回味 huíwèi	水位 shuǐwèi	退位 tuìwèi

【朗读绕口令】

（1）梅大妹，卖梅子，卖了梅子买麦子，梅小妹，卖麦子，卖了麦子买梅子。大妹和小妹，互相做买卖，大妹卖，小妹买，小妹卖，大妹买，不知谁卖了梅子买麦子，又是谁卖了麦子买梅子。

（2）白猫戴白帽，黑猫戴黑帽，白猫要戴黑猫的黑帽，黑猫要戴白猫的白帽，白猫不让黑猫戴白猫的白帽，黑猫不让白猫戴黑猫的黑帽。

（三）鼻韵母

鼻韵母由一个或两个元音和鼻辅音构成，由元音的发音状态逐渐过渡到鼻音的发音状态，最后形成鼻音。

普通话有16个鼻韵母。根据鼻辅音韵尾的不同，鼻韵母可分为两种：

前鼻韵母：由元音和前鼻辅音（舌尖鼻辅音）韵尾n构成。前鼻韵母发音时，发出前面的元音后，舌尖马上抵住上齿龈，构成阻碍，使气流从鼻腔透出，形成前鼻韵尾。前鼻韵母一共有8个：

an、en、in、ian、uan、uen、üan、ün

后鼻韵母：由元音和后鼻辅音韵尾ng构成。发后鼻韵母时，先发前面的元音，最后舌根上抬，软腭下降构成阻碍，使气流从鼻腔透出，形成后鼻韵尾。后鼻韵母一共有8个：

ang、eng、ing、iang、uang、ueng、ong、iong

an：先将软腭上升堵住鼻腔通道，舌尖抵住下齿背，发前a，然后舌尖逐渐抵住上齿龈，同时软腭迅速下降封闭口腔，打开鼻腔通道，气流从鼻腔流出成音。

安然 ānrán	参战 cānzhàn	惨淡 cǎndàn	反感 fǎngǎn
烂漫 lànmàn	谈判 tánpàn	难看 nánkàn	干旱 gānhàn

en：先将软腭上升堵住鼻腔通道，起点元音的舌位比单发e的时候要靠前，发完e之后舌尖逐渐抵住上齿龈，同时软腭迅速下降封闭口腔通道，打开鼻腔通道，气流从鼻腔流出成音。

本分 běnfèn	深沉 shēnchén	振奋 zhènfèn	愤恨 fènhèn
认真 rènzhēn	人参 rénshēn	根本 gēnběn	深圳 shēnzhèn

in：先将软腭上升堵住鼻腔通道，舌位由高元音i开始发音，舌尖先抵住下齿背发i，双唇向两边稍微展开，然后舌尖用力向上抵住上齿龈，同时软腭迅速下降封闭口腔，打开鼻腔通道，气流从鼻腔流出成音。

亲近 qīnjìn	信心 xìnxīn	拼音 pīnyīn	引进 yǐnjìn
金银 jīnyín	辛勤 xīnqín	民心 mínxīn	临近 línjìn

ian：软腭先上升堵住鼻腔通道，从i开始发音，舌位从i逐渐下降，口腔打开，然后舌高点逐渐前移，抬高往上齿龈运动抵住上齿龈，口腔由开趋向闭合。同时，软腭迅速下降封闭口腔，打开鼻腔通道，气流从鼻腔流出。

变迁 biànqiān	艰险 jiānxiǎn	前线 qiánxiàn	显现 xiǎnxiàn

鲜艳 xiānyàn　　　检验 jiǎnyàn　　　田间 tiánjiān　　　简便 jiǎnbiàn

uan：先将软腭上升堵住鼻腔通道，舌位由高元音 u 降低到前 ɑ，双唇由圆到打开，随后舌位由低往上齿龈运动到抵住上齿龈。口腔由打开到逐渐闭合；同时软腭迅速下降封闭口腔，打开鼻腔通道，气流从鼻腔流出成音。

万贯 wànguàn　　　酸软 suānruǎn　　　传唤 chuánhuàn　　　贯穿 guànchuān

专断 zhuānduàn　　　宽缓 kuānhuǎn　　　婉转 wǎnzhuǎn　　　转换 zhuǎnhuàn

uen（un）：先将软腭上升堵住鼻腔通道，舌位由 u 开始逐渐移到央 e，唇形由圆形逐渐打开，然后舌位往上齿龈运动至抵住上齿龈；同时软腭迅速下降封闭口腔，打开鼻腔通道，气流从鼻腔流出成音。

温顺 wēnshùn　　　昆仑 kūnlún　　　论文 lùnwén　　　温存 wēncún

春笋 chūnsǔn　　　温润 wēnrùn　　　滚轮 gǔnlún　　　困顿 kùndùn

üan：先将软腭上升，堵住鼻腔通道，舌位从高元音 ü 下降至 ɑ，唇形由圆逐渐放开，然后舌位由 ɑ 往上齿龈运动到抵住上齿龈，嘴唇由打开逐渐到关闭；同时软腭迅速下降，封闭口腔，打开鼻腔通道，气流从鼻腔流出成音。

圆圈 yuánquān　　　全权 quánquán　　　涓涓 juānjuān　　　源泉 yuánquán

渊源 yuānyuán　　　轩辕 xuānyuán　　　全员 quányuán　　　拳拳 quánquán

ün：先将软腭上升堵住鼻腔通道，从发高元音 ü 开始，舌尖抵住下齿背，然后舌尖向上抵住上齿龈，双唇由圆向左右略展开；同时软腭迅速下降，封闭口腔，打开鼻腔通道，气流从鼻腔流出成音。

军训 jūnxùn　　　循循 xúnxún　　　芸芸 yúnyún　　　均匀 jūnyún

逡巡 qūnxún　　　韵律 yùnlǜ　　　勋章 xūnzhāng　　　俊俏 jùnqiào

ang：先将舌头后缩发后 ɑ，嘴唇大开。发完后 ɑ 把舌根上抬与软腭形成阻碍，同时软腭迅速下降封闭口腔通路，气流从鼻腔流出成音。

上当 shàngdàng　　　盲肠 mángcháng　　　烫伤 tàngshāng　　　帮忙 bāngmáng

商场 shāngchǎng　　　钢厂 gāngchǎng　　　沧桑 cāngsāng　　　苍茫 cāngmáng

eng：先发央 e，然后舌根逐渐上抬与软腭形成阻碍。同时，软腭迅速下降封闭口腔打开鼻腔通道，嘴唇自然微合，气流从鼻腔流出成音。

风筝 fēngzheng　　　升腾 shēngténg　　　鹏程 péngchéng　　　更正 gēngzhèng

省城 shěngchéng　　　奉承 fèngcheng　　　风声 fēngshēng　　　承蒙 chéngméng

ing：由前高不圆唇的 i 开始，舌位不降低一直往后移动，同时舌尖离开下齿背，舌根抬起贴向软腭，当舌根与软腭快要贴住的时候，软腭下降，封闭口腔打开鼻腔，气流从鼻腔流出成音。大家要注意，发 ing 的时候，舌位是由 i 向 ng 的移动，舌位高度不要变化，不能加入e这个因素，也就是不能发成ieng。

经营 jīngyíng	命令 mìnglìng	姓名 xìngmíng	情景 qíngjǐng
惊醒 jīngxǐng	蜻蜓 qīngtíng	明星 míngxīng	评定 píngdìng

iang：首先在ang的前面加上一段由i到a的舌位动程。先将舌尖抵住下齿背发较短i，然后舌位由高降到比后a稍微靠前一点的地方，舌尖离开下齿背，舌身后缩发a，然后舌根部上抬与软腭构成阻碍，接鼻尾音ng，气流从鼻腔流出成音。

想象 xiǎngxiàng	向阳 xiàngyáng	响亮 xiǎngliàng	洋相 yángxiàng
两样 liǎngyàng	相像 xiāngxiàng	良将 liángjiàng	踉跄 liàngqiàng

uang：要在ang的前面加上一段从u到a的舌位动程。先发较短的高元音u，然后舌位由高下降到后a，唇形由圆逐渐展开，接着舌根部上抬与软腭形成阻碍，接鼻尾音ng，气流从鼻腔流出成音。

状况 zhuàngkuàng	矿床 kuàngchuáng	狂妄 kuángwàng	晃悠 huàngyou
双簧 shuānghuáng	惶惶 huánghuáng	装潢 zhuānghuáng	窗台 chuāngtái

ueng：先发较短的起点元音u，接着舌位由高元音u下降至央e，嘴唇由圆渐渐打开，然后舌根部抬起，软腭下降封闭口腔通道，接鼻尾音ng，嘴唇由开到微合，气流从鼻腔流出成音。

老翁 lǎowēng	水瓮 shuǐwèng	蕹菜 wèngcài	嗡嗡 wēngwēng
渔翁 yúwēng	主人翁 zhǔrénwēng	瓮声瓮气 wèngshēngwèngqì	

ong：先发高元音u，圆唇。接着舌根继续上抬与软腭构成阻碍，同时软腭迅速下降封闭口腔，打开鼻腔通道，唇形拢圆，气流从鼻腔流出成音。

空洞 kōngdòng	恐龙 kǒnglóng	轰动 hōngdòng	共同 gòngtóng
从容 cóngróng	冲动 chōngdòng	通融 tōngróng	工农 gōngnóng

iong：iong这个后鼻韵母虽然韵头是i，但实际发音的时候以前高元音ü为起点。先将舌尖抵住下齿背，在ong前面加上一段由前高元音ü，接着舌位向后移动，略微下降，到后高元音u的位置后，迅速抬高舌位，接鼻尾音ng。

汹涌 xiōngyǒng	炯炯 jiǒngjiǒng	窘迫 jiǒngpò	穷尽 qióngjìn
胸怀 xiōnghuái	雄壮 xióngzhuàng	勇敢 yǒnggǎn	永久 yǒngjiǔ

【朗读绕口令】

（1）老彭拿着一个盆，路过老陈住的棚，盆碰棚，棚碰盆，棚倒盆碎棚压盆。老陈要赔老彭的盆，老彭不要老陈来赔盆，老陈陪着老彭去补盆，老彭帮着老陈来修棚。

（2）东洞庭，西洞庭，洞庭山上一根藤，藤条顶上挂铜铃。风吹藤动铜铃鸣，风停藤定铜铃静。

（3）小金到北京看风景，小京到天津买纱巾。看风景，用眼睛，还带一个望远镜；买纱巾，带现金，到了天津把商店进。买纱巾，用现金，看风景，用眼睛，巾、金、睛、景要分清。

四、韵母的发音难点

（一）单韵母发音时唇形和舌位保持不变

单韵母的发音要做到发音时唇形与舌位始终保持一致。如果唇形和舌位发生变化，就会使单元音复合化，变成另外的不正确发音，比如把o发成ou，属于错误的发音，一定要注意避免。

词语对比练习

| 杀 shā—收 shōu | 辣 là—漏 lòu | 贺 hè—厚 hòu | 特 tè—透 tòu |
| 河 hé—猴 hóu | 摸 mō—谋 móu | 泼 pō—剖 pōu | 佛 fó—否 fǒu |

（二）区分i和ü

有的方言中没有ü韵母，所以ü韵字常常读成i韵字，如："下雨"读成"下椅"、"根据"读成"根记"等。

i和ü发音时的唇形是不一样的，请注意区分。i是齐齿呼，前高不圆唇元音。ü是撮口呼，前高圆唇元音。发i音时，口微开，两唇呈扁平形。发ü音时，两唇拢圆，略向前突出，发撮口呼韵母时，一定要有拢唇的动作。

词语对比练习

你 nǐ—女 nǚ	写 xiě—雪 xuě	金 jīn—君 jūn
医 yī—迂 yū	鸡 jī—居 jū	梨 lí—驴 lú
抑制 yìzhì—预制 yùzhì		妓院 jìyuàn—剧院 jùyuàn
猎取 lièqǔ—掠取 lüèqǔ		办理 bànlǐ—伴侣 bànlǚ

（三）复韵母发音时要有动程

受方音影响，有些应试者将复韵母单纯化。比如把ai发成[æ]，把ao发成[ɔ]，或者虽有动程但不到位。复韵母发音时从一个元音到另一个元音，唇形和舌位必须有滑动过程。韵腹的发音长而响亮，韵头的发音较短促，韵尾的发音较轻短。

词语对比练习

考试 kǎoshì—口试 kǒushì	遭到 zāodào—走道 zǒudào
牢房 láofáng—楼房 lóufáng	不吵 bùchǎo—不丑 bùchǒu
稻子 dàozi—豆子 dòuzi	少数 shǎoshù—手术 shǒushù
烧心 shāoxīn—手心 shǒuxīn	消息 xiāoxi—休息 xiūxi

（四）区分宽窄复韵母

有些应试者在发ai-ei、uai-uei这两组音的时候，出现混淆现象。一类是把ai、uai错读成ei、uei，如："外面"错读为"未面"、"怪人"错读为"贵人"；另外把ei、uei错读成ai、uai，比如把"媒体"读作"霾体"，"匮乏"读成"快罚"。

词语对比练习

来电 láidiàn—雷电 léidiàn   分派 fēnpài—分配 fēnpèi

卖力 màilì—魅力 mèilì   耐用 nàiyòng—内用 nèiyòng

开外 kāiwài—开胃 kāiwèi   安排 ānpái—安培 ānpéi

改了 gǎile—给了 gěile   卖唱 màichàng—没唱 méichàng

（五）防止韵头丢失

有些应试者会出现韵头丢失现象，比如，把ui发成ei、把un发成en，把"推动"读成"忒动"，把"论文"读成"len文"，在训练时要仔细分辨，防范韵头（介音）的丢失。

词语练习

回味 huíwèi   归队 guīduì   追随 zhuīsuí   汇兑 huìduì

未遂 wèisuì   损失 sǔnshī   温存 wēncún   谆谆 zhūnzhūn

昆仑 kūnlún   困顿 kùndùn

（六）发准an-ang、uan-uang

在学习普通话韵母时，如果没有发好这一组音，对整体语感影响极大，所以要注意辨正，在发音时要特别留心收全鼻韵尾。就an、uan而言，容易出现以下的问题：首先是an、uan韵读成ang、uang韵："盼子"读作"胖子"，"管道"读作"广道"；此外，an韵也时常被读成ai韵、ei韵："提案"读成"提爱"，"半月"读成"倍月"；另外，an韵不要添加韵头读成uan韵："占领"不读"赚领"等。uan韵也时常丢失了鼻韵尾变成了uai韵。

词语对比练习

赞颂 zànsòng—葬送 zàngsòng   木船 mùchuán—木床 mùchuáng

顽固 wángù—亡故 wánggù   天坛 tiāntán—天堂 tiāntáng

开饭 kāifàn—开放 kāifàng   烂漫 lànmàn—浪漫 làngmàn

黑板 hēibǎn—黑白 hēibái   担子 dànzi—带子 dàizi

怠慢 dàimàn—代脉 dàimài   鸡蛋 jīdàn—几代 jǐdài

站台 zhàntái—债台 zhàitái   山外 shānwài—塞外 sàiwài

（七）发准 en-eng、uen-ueng

en、eng、uen、ueng、ong 的发音，首先是要了解其中的e与单韵母的e的差异，初学时可以把它当作央元音e来发，即发音时舌头不前也不后，自然地放在中间。其次是注意en与eng、uen与ueng的分辨，这是两对非常容易混淆的鼻韵母，例如："跟"与"耕"不分，"温"与"翁"不分。再次，还要注意uen韵的韵头的丢失，如："讨论"读"讨楞"、"存在"读"层在"等。此外，eng与ong不要混淆，它们的区别在于韵腹e与o的唇形不同，前者唇形是略展开的，后者呈圆形。

词语对比练习

盆 pén—朋 péng   门 mén—萌 méng

份 fèn—奉 fèng   深 shēn—声 shēng

真 zhēn—睁 zhēng   晨 chén—成 chéng

审视 shěnshì—省事 shěngshì   陈旧 chénjiù—成就 chéngjiù

深思 shēnsī—生丝 shēngsī   木盆 mùpén—木棚 mùpéng

瓜分 guāfēn—刮风 guāfēng   清真 qīngzhēn—清蒸 qīngzhēng

（八）发准 ian-iang、in-ing

在有些方言中，ian与iang、in与ing容易混淆。"前"和"强"不分，"亲"与"轻"不分。同时，ian的发音还应该注意如下问题：ian韵读成in韵："接见"读"接进"、"线条"读"衅条"；ian还有丢失韵腹和韵尾发成i韵的："海边"读"海逼"、"浅在"读"起在"等。

词语对比练习

民 mín—名 míng   今 jīn—京 jīng   信 xìn—性 xìng   亲 qīn—轻 qīng

金鱼 jīnyú—鲸鱼 jīngyú   红心 hóngxīn—红星 hóngxīng

信服 xìnfú—幸福 xìngfú   人民 rénmín—人名 rénmíng

弹琴 tánqín—谈情 tánqíng   亲近 qīnjìn—清净 qīngjìng

信心 xìnxīn—行星 xíngxīng   园林 yuánlín—园陵 yuánlíng

金银 jīnyín—经营 jīngyíng   缤纷 bīnfēn—冰峰 bīngfēng

（九）发准 üan、ün、iong

üan、ün是两个以圆唇的ü起头的前鼻韵母，把iong与它们放在一起练习，是因为这几个音都属于撮口呼韵母，iong起始韵头i受到后面韵腹o的圆唇影响，也成了圆唇音，所以，它的实际音值是ü。üan、ün的学习应该注意下面两个问题：一是üan容易丢失韵腹与韵尾发成单韵母ü："动员"读"动鱼"、"小娟"读"小居"、"劝说"读"去说"等；二是ün易错读成iong："群众"读"穷众"、"军队"读"窘（阴平）队"等。

词语对比练习

疲倦 píjuàn—批件 pījiàn　　　　权限 quánxiàn—前线 qiánxiàn

宣传 xuānchuán—先前 xiānqián　　拳头 quántóu—前头 qiántóu

（十）前鼻韵母字与后鼻韵母字的区分方法

1. 辨记鼻韵母an（uan）和ang（uang）

（1）根据字的偏旁进行类推

（韵母是an的）反——饭 返 贩 畈 版 板 扳 阪 坂 钣 舨

（韵母是ang的）方——放 房 防 纺 芳 访 仿 坊 妨 肪 邡 枋 钫 舫 彷

（2）利用声母和韵母的拼合规律

普通话中韵母uang不拼平舌音z、c、s，故下列字均是前鼻韵uan：钻、窜、蹿、篡、余、酸、算、蒜、狻。

韵母uang不拼d、t、n、l，故下列字均是前鼻韵uan：段、短、断、端、锻、团、湍、暖、乱、卵、滦、峦、李、挛。

2. 辨记en、eng和in、ing两对鼻韵母

（1）根据字的偏旁进行类推

真——镇 缜 稹 填 慎

申——伸 姉 神 审 绅 砷 呻 浦 肿

艮——跟 根 茛 哏 很 狠 恨 痕

民——抿 苠 岷 泯 珉

更——梗 埂 哽 鲠 绠

生——胜 甥 牲 笙 性 姓

青——请 清 情 晴 氰 圊 蜻 鲭

平——评 萍 苹 坪 枰 鲆

京——惊 鲸 憬 影 凉 晾 谅 椋

（2）利用方音辨记

有些方言中就有ong韵，这个iong韵拼唇音声母的字，普通话都读eng韵，如：碰、捧、蓬、篷、蒙、蠓、风、封、逢、蜂、丰、枫、疯、冯、奉、讽、凤、峰、锋、烽、俸；浙江方言f声母拼eng韵的字，普通话一般读前鼻韵en，如：分、份、芬、粉、坟、奋、愤、纷、忿、粪、酚、焚、吩、氛、汾。

（3）利用普通话声母与韵母的拼合规律来辨记

普通话中d、t、n、l不与en（"嫩"除外）相拼，所以下列字都是后鼻音eng韵：等、灯、邓、登、澄、瞪、凳、蹬、噔、疼、藤、腾、誊、滕、能、冷、棱、楞、塄、愣。

普通话中d、t、n不与in（"您"除外）相拼，所以下列字都是后鼻音ing韵：顶、定、盯、订、叮、丁、钉、鼎、锭、仃、啶、玎、腚、碇、疔、耵、酊、町、铤、听、停、挺、厅、亭、艇、庭、廷、汀、婷、梃、蜓、霆、町、铤、拧、凝、宁、柠、狞、泞、佞、咛。

第四节 | 声调

一、声调概说

普通话是有声调的语言，声调是一个音节非常重要的成分。如果一个音节没有标上声调，这个音节就毫无意义。

声调又叫字调，指的是音节中具有区别意义作用的音高变化。普通话中有很多词语的声母和韵母相同，就是因为声调不一样，意义也就完全不同。比如：

春节—纯洁　　　　出访—处方　　　　孤立—鼓励　　　　更改—梗概

颜色—眼色　　　　身材—神采　　　　物理—无礼　　　　论证—论争

编织—编制—贬值—贬职—变质—便知—变直

普通话共有四个声调，分别是阴平、阳平、上声、去声。学习普通话声调，我们必须了解一个非常重要的概念——调值。调值指的是声调的实际读音，是音节的高低、升降、曲直、长短的变化形式。语音学家赵元任先生用"五度标记法"来记录调值，四个声调的调值分别是阴平55，阳平35，上声214，去声51。

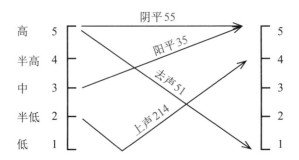

二、声调的发音训练

（一）读单音节字词

bā	bá	bǎ	bà		dī	dí	dǐ	dì
巴	拔	把	爸		低	敌	抵	地

māo	máo	mǎo	mào		zhī	zhí	zhǐ	zhì
猫	毛	卯	帽		知	直	指	至

cāi	cái	cǎi	cài		niū	niú	niǔ	niù
猜	才	彩	菜		妞	牛	扭	拗

shēn	shén	shěn	shèn		qīng	qíng	qǐng	qìng
伸	神	沈	肾		青	情	请	庆

（二）读多音节词语

青春 qīngchūn	星期 xīngqī	包含 bāohán	欢迎 huānyíng
风险 fēngxiǎn	真理 zhēnlǐ	亲切 qīnqiè	音乐 yīnyuè
杰出 jiéchū	长江 chángjiāng	频繁 pínfán	人民 rénmín
南北 nánběi	遥远 yáoyuǎn	评定 píngdìng	豪迈 háomài
故乡 gùxiāng	认真 rènzhēn	对联 duìlián	祝福 zhùfú
恰巧 qiàqiǎo	乐曲 yuèqǔ	竞赛 jìngsài	毕业 bìyè

超声波 chāoshēngbō　　　　　　　　化妆品 huàzhuāngpǐn

林阴道 línyīndào　　拉力赛 lālìsài　　领事馆 lǐngshìguǎn　　委员会 wěiyuánhuì

非同小可 fēitóng-xiǎokě　　　　　　方兴未艾 fāngxīng-wèi'ài

高瞻远瞩 gāozhān-yuǎnzhǔ　　　　争先恐后 zhēngxiān-kǒnghòu

扬长避短 yángcháng-bìduǎn　　　　相得益彰 xiāngdé-yìzhāng

（三）朗读诗句

水光潋滟晴方好，山色空濛雨亦奇。欲把西湖比西子，淡妆浓抹总相宜。

故人西辞黄鹤楼，烟花三月下扬州。孤帆远影碧空尽，惟见长江天际流。

寒雨连江夜入吴，平明送客楚山孤。洛阳亲友如相问，一片冰心在玉壶。

杨柳青青江水平，闻郎江上唱歌声。东边日出西边雨，道是无晴却有晴。

三、声调的发音难点

（一）阴平调值

阴平的主要问题，一是没有达到调值55的高度，有的读成44或33的调值；二是出现前后高低高度不一致的现象，普通话水平测试第一题单音节字词中，四个声调均匀分布，应试者如果阴平忽高忽低，音高不稳定，就会失分。在朗读时要保持一定高度。

（二）阳平调值

阳平的问题有两个：一是升调带曲势，即通俗所谓"拐弯"的现象；二是为避免"拐弯"而发声急促，影响了普通话应有的舒展的语感。在发阳平调时，声带由松到紧，如果一开始声带就处于紧张状态，上扬时容易拐弯。

（三）上声调值

上声的调值是214，它是普通话四个声调里最容易出现问题的。常见的缺陷有：一是调头太高（读314）；二是调尾太高（读215）；三是调尾太低（读212或213）；四是整个声调偏高（几乎无曲势，读324）；五是声调中断（读21-4）；六是声调曲折生硬。在发上声调时，声带先紧后松再逐渐拉紧。要注意起调不要太高，下降要适度，上扬的时候要到4的位置。

（四）去声调值

去声的主要问题是下降不够，或者下降后拐弯，还有的出现"劈"的现象。发去声调时，声带由紧到松，气息逐渐变弱。下降的时候不能太用劲，否则会很生硬。

（五）消除入声调

普通话没有入声。古入声字都分派到普通话的阴、阳、上、去四声里了，其中派到去声里的最多，约占一半以上；三分之一派到阳平；派入上声的最少。许多方言里都有入声。吴方言里的入声后面几乎都带有塞音韵尾，读音短促。学习普通话声调时，这种短促的入声调的残留将会明显影响普通话整体语调，所以要特别注意消除入声调。

（六）声调对比练习

更改 gēnggǎi—梗概 gěnggài   香蕉 xiāngjiāo—橡胶 xiàngjiāo

题材 tícái—体裁 tǐcái   禁区 jìnqū—进取 jìnqǔ

凋零 diāolíng—调令 diàolìng   保卫 bǎowèi—包围 bāowéi

欢迎 huānyíng—幻影 huànyǐng   春节 chūnjié—纯洁 chúnjié

班级 bānjí—班机 bānjī   焚毁 fénhuǐ—分会 fēnhuì

肥料 féiliào—废料 fèiliào   安好 ānhǎo—暗号 ànhào

联系 liánxì—练习 liànxí—怜惜 liánxī

城市 chéngshì—诚实 chéngshí—瞠视 chēngshì

承包 chéngbāo—城堡 chéngbǎo—呈报 chéngbào

地址 dìzhǐ—地质 dìzhì—抵制 dǐzhì—地支 dìzhī

语言 yǔyán—渔谚 yúyàn—预言 yùyán—预演 yùyǎn

第五节 | 语流音变

人们说话时，不是孤立地发出一个个音节，而是把音节组成一连串自然的"语流"。在语流中，由于相邻音节的相互影响或表情达意的需要，有些音节的读音发生一定变化，这就是语流音变。

语流音变包括：变调、轻声、儿化、"啊"的音变等。

变调包括：上声的变调、"一"和"不"的变调、叠字形容词的变调等。

一、变调

指在语流中所产生的声调变化现象。普通话中常见的变调有以下几种。

（一）上声变调

（1）上声在非上声前，由降升调变为低降调，调值由214变为211。如：

老师　　火车　　领先　　祖国　　语言　　品行　　土地　　美术　　考试

（2）两个上声相连，前一个上声由降升调变升调（阳平），调值由214变35。如：

领导　　勇敢　　偶尔　　勉强　　水果　　奶粉　　傀儡　　窈窕　　脊髓

（3）上声同轻声连读，有两种情况，一种是变为低降调，调值由214变为211；另一种是变升调（阳平），调值由214变35。

上声（214）+轻声→半上（211）+轻声

姐姐　　小子　　椅子　　奶奶　　宝宝　　婶婶　　耳朵　　马虎　　枕头
水仙　　比方　　孔雀　　牡丹　　口袋　　伙计　　喜欢　　女婿　　苦头

上声（214）+轻声→阳平（35）+轻声

法子　　响起　　把手　　哪里　　讲法　　写起　　眼里　　水里　　可以
老虎　　想想　　走走　　洗洗　　小姐　　给你　　想法　　老鼠　　打死

（4）三个上声相连，前两个字根据词语的结构变调。

当词语结构是"单双格"时，前一个上声变降调（半上，调值为21），第二个上声变阳平，如：

纸雨伞　　厂党委　　好总理　　海产品　　小雨雪　　老领导

当词语结构是"双单格"时，前两个上声变阳平，如：

展览馆　　选举法　　虎骨酒　　水彩笔　　演讲稿　　洗脸水

（二）"一""不"的变调

1."一"的变调

（1）单念，词、句末尾，作序数时念本调，如：

大年初一   第一章   一哥   一号楼   一五一十

（2）在去声前变阳平，如：

一唱一和   一字一句

（3）在非去声前念去声，如：

一言一行   一张一弛

（4）夹在词中念轻声，如：

试一试   想一想   说一说

2."不"的变调

（1）单念、词句末尾，念原调，如：

不，决不！

（2）在非去声前念原调，如：

不即不离   不屈不挠

（3）在去声前念阳平，如：

不上不下   不胫而走

（4）夹在词中念轻声，如：

好不好   是不是   肯不肯

（三）叠字形容词的变调

1.AA式

叠字形容词AA式第二个音节原字调是阳平、上声、去声（非阴平）时，声调可以变为高平调55，跟阴平的调值一样，后面加儿化。比如：

好好 hǎohǎo→好好儿 hǎohāor　　　　慢慢 mànmàn→慢慢儿 mànmānr

远远 yuǎnyuǎn→远远儿 yuǎnyuānr　　饱饱 bǎobǎo→饱饱儿 bǎobāor

2.ABB式

当后面两个叠字音节的声调是阳平、上声、去声，即非阴平调时，调值变为高平调55，跟阴平的调值一样。比如：

慢腾腾   红彤彤   绿油油   懒洋洋   明晃晃

孤零零   亮堂堂   血淋淋   水灵灵   软绵绵

3.AABB式

第二音节读轻声，后两个音节的调值变为高平调55，跟阴平的调值一样。比如：

老老实实	规规矩矩	模模糊糊	马马虎虎	别别扭扭	热热闹闹
结结实实	漂漂亮亮	整整齐齐	舒舒服服	支支吾吾	清清楚楚

二、轻声

（一）轻声概说

在词语或句子里，有些音节常常失去原来的声调，变成一种又短又轻的调子，就是轻声。轻声具有区别意义和区分词性的作用。轻声词的一般规律：

（1）助词"的、地、着、了、过"及语气词"吧、吗、呢、啊"等。

（2）叠音词及动词的重叠形式后面的字。

（3）构词用的虚词素"子、头、们"。

（4）用在名词、代词后面表示方位的语素。

（5）用在动词、形容词后面表示趋向的"来、去、下去"等词。

（6）量词"个"。

（7）一些常用的双音节轻声词，第二个音节应读轻声。

（二）轻声词练习

巴掌	裁缝	骨头	活泼	耽搁	耳朵	故事	胡萝卜
火候	苍蝇	白净	耽误	护士	风筝	关系	脊梁
规矩	家伙	棒槌	提防	甘蔗	闺女	架势	包袱
嫁妆	包涵	地道	膏药	见识	窗户	告诉	作坊
琢磨	拨弄	打发	功夫	戒指	打量	厚道	簸箕
打算	狐狸	补丁	打听	对付	胡琴	糊涂	队伍
皇上	粮食	模糊	头发	脑袋	勤快	时候	溜达
能耐	亲家	拾掇	妥当	叫唤	动静	动弹	结实
答应	月饼	自在	学生	云彩	招呼	学问	运气
招牌	主意	祖宗	折腾	养活	张罗	秀才	吆喝

三、儿化

（一）儿化概说

在普通话中，韵母与er结合成一个音节，并发生音变成为卷舌韵母，成为"儿化韵"，这种现象就叫"儿化"。儿化可以区别词义，区分词性，区分同音词，表达感情色彩等。

儿化韵的发音规律：

（1）音节末尾是ɑ、o、e、u、ê的韵母直接卷舌。如：

刀把儿　　号码儿　　山坡儿　　自行车儿　碎步儿　　树叶儿

（2）韵尾是i、n的，丢掉韵尾，主要元音卷舌。如：

壶盖儿　　加塞儿　　小燕儿　　走神儿　　茶馆儿　　冰棍儿

（3）韵母是i、ü的，在韵母后加er。如：

小鸡儿　　玩意儿　　金鱼儿　　合群儿

（4）韵母时-i（前），-i（后）的，儿化后韵母-i（前），-i（后）完全失去，声母直接与er相拼。如：

瓜子儿　　写字儿　　碰瓷儿　　树枝儿　　锯齿儿　　有事儿

（5）鼻韵母in、un、ün、儿化后失去n，加上er。如：

脚印儿　　围巾儿　　打盹儿　　没准儿　　喜讯儿

（6）韵尾是ng的，韵腹带鼻音，发音时口鼻腔同时共鸣，称作鼻化音并加卷舌动作"r"。如：

电影儿　　蛋黄儿　　酒盅儿　　小熊儿　　电灯儿　　青杏儿

（二）儿化词练习

刀把儿	加塞儿	药方儿	差点儿	透亮儿	号码儿
快板儿	赶趟儿	一点儿	花样儿	戏法儿	老伴儿
雨点儿	脑瓜儿	蒜瓣儿	聊天儿	大褂儿	找茬儿
笑话儿	板擦儿	收摊儿	坎肩儿	牙刷儿	名牌儿
栅栏儿	豆芽儿	牙签儿	鞋带儿	包干儿	心眼儿
露馅儿	茶馆儿	壶盖儿	笔杆儿	照片儿	小孩儿
墨汁儿	饭盒儿	跑调儿	杏仁儿	锯齿儿	蛋黄儿
刀刃儿	记事儿	碎步儿	没谱儿	梨核儿	泪珠儿
有数儿	胡同儿	抽空儿	小葱儿	小熊儿	红包儿
顶牛儿	抓阄儿	拈阄儿	火锅儿	邮戳儿	小说儿

四、"啊"的音变

（一）"啊"的音变概说

"啊"是一个使用频率很高的语气词，我们常常借助它来表情达意。但"啊"用在句末或句中停顿处时，往往会受到前面音节末尾音素的影响而发生音变。

语气词"啊"的音变规律：

（1）当前一个音节末尾音素是 a，o（ao、iao 除外），e，i，ü，ê 时，变成 ya。

①是他啊！

②今天好热啊！

③你得拿定主意啊！

④好大的鱼啊！

（2）当前一个音节末尾音素是 u，或者 ao，iao 时，变为 ua。

①好大的雾啊！

②快跑啊！

③快跳啊！

（3）前一个音节的末尾因素是 n 时，变为 na。

①多好看哪！

②真甜啊！

③真咸啊！

（4）前一个音节末尾音素是 ng 时，变为 nga。

①下午劳动啊？

②唱啊唱！

③真冷啊

（5）前一个音节末尾因素是 -i（前）时，变为 za（z 发音为舌尖前浊擦音）。

①这是什么字啊？

②别撕啊！

（6）前一个音节末尾因素是 -i（后）时，变为 ra。

①多好的同志啊！

②什么事啊？

③快吃啊！

（二）"啊"的音变练习

菜市场里的货真全啊！什么鸡啊、肉啊、糖啊、苹果啊、梨啊、海参啊、鸡翅啊、粉丝啊，应有尽有！

这些孩子们啊，真可爱啊。你看啊，他们多高兴啊，又是作诗啊，又是画图啊，又是唱啊，又是跳啊，啊！他们是多么幸福啊！

五、语流音变难点

（一）两个上声变调

两个上声相连，第一个上声要变调，调值由214变成35，第二个上声读原调。但是请注意，在语流中，上声极少有读214的情况，除了两个或者三个上声相连要读35调之外，其他大多是211的调值。

保管 bǎoguǎn	彼此 bǐcǐ	场所 chǎngsuǒ	产品 chǎnpǐn
打扰 dǎrǎo	老板 lǎobǎn	领土 lǐngtǔ	蚂蚁 mǎyǐ
美好 měihǎo	奶粉 nǎifěn	起码 qǐmǎ	请柬 qǐngjiǎn
往返 wǎngfǎn	永远 yǒngyuǎn	早已 zǎoyǐ	

（二）轻声

不少应试者对轻声词的掌握不太好。在普通话中，有些轻声具有区分词义和词性的作用，必须读准确。除了有规律的轻声词，还有一批常用的双音节词语，习惯上读轻声。这些词语除了具有较明显的口语色彩和部分是联绵词之外，似乎没有更多的特点，可以把它们看作是无规律的轻声词语。普通话水平测试从第二题开始，就要测查应试人轻声、儿化读音的标准程度，所以平时要加强对轻声词的熟记和训练。

语段练习：

天上风筝渐渐多了，地上孩子也多了。城里乡下，家家户户，老老小小，他们也赶趟儿似的，一个个都出来了。舒活舒活筋骨，抖擞抖擞精神，各做各的一份事去。"一年之计在于春"，刚起头儿，有的是工夫，有的是希望。

春天像刚落地的娃娃，从头到脚都是新的，他生长着。

春天像小姑娘，花枝招展的，笑着，走着。

春天像健壮的青年，有铁一般的胳膊和腰脚，他领着我们上前去。

（三）儿化

由于有些方言区没有儿化，所以很多人发不好儿化，有的没有把韵母与er结合成一个音节，有的卷舌比较生硬，不够自然。要把卷舌动作和前边的韵母连成一体，而且要发得自然。

绕口令练习：

进了门儿，倒杯水儿，喝了两口运运气儿。

顺手拿起小唱本儿，唱一曲儿又一曲儿，

练完了嗓子练嘴皮儿。绕口令儿，练字音儿，

还有快板儿对口词儿，越说越唱越带劲儿。

（四）"啊"的音变

语气词"啊"除了单念以外，跟在其他音后面的时候，读音都要发生变化，必须遵循音变规律来处理。很多应试者缺乏这个意识，朗读或者说话的时候，都读a，那就要被扣分了，所以一定要掌握"啊"的音变规律，加强训练。

语段练习：

我看见过波澜壮阔的大海，欣赏过水平如镜的西湖，却从没看见过漓江这样的水。漓江的水真静啊，静得让你感觉不到它在流动；漓江的水真清啊，清得可以看见江底的沙石；漓江的水真绿啊，绿得仿佛那是一块无瑕的翡翠。船桨激起的微波扩散出一道道水纹，才让你感觉到船在前进，岸在后移。

我攀登过峰峦雄伟的泰山，游览过红叶似火的香山，却从没看见过桂林这一带的山。桂林的山真奇啊，一座座拔地而起，各不相连，像老人，像巨象，像骆驼，奇峰罗列，形态万千；桂林的山真秀啊，像翠绿的屏障，像新生的竹笋，色彩明丽，倒映水中；桂林的山真险啊，危峰兀立，怪石嶙峋，好像一不小心就会栽倒下来。

第六节 | 普通话水平测试字词朗读的应试准备

一、读单音节字词

（一）基本情况

这一题共有100个音节，不含轻声、儿化音节，限时3.5分钟，分值10分。

测试目的：测查应试人声母、韵母、声调读音的标准程度。

评分标准：

（1）语音错误，每个音节扣0.1分。

（2）语音缺陷，每个音节扣0.05分。

（3）超时1分钟以内，扣0.5分；超时1分钟以上（含1分钟），扣1分

（4）音节允许改读，以最后一遍读音为记评音。

1.语音错误

（1）音节读音中保留了一个或一个以上的方言成分，在音位上已构成对立。

比如：是——四、牛——刘

（2）误读，即把此音读作彼音，把甲音读作乙音。

比如：蹿——窜

2.语音缺陷

（1）音节读音中有一个或一个以上的音节成分处在方言向普通话的过渡状态。

（2）音节中有一个或一个以上的音节成分在发音时偏移规范音位，但没有构成对立音位。

（二）读单音节字词应试注意点

（1）声母要发准，韵母要发全，声调要到位。

要求吐字清晰，韵腹发音饱满，归韵完整，调值到位。尤其要注意上声，也就是第三声，调值是214，在第一题要将上声读完整。

（2）读字词要从左至右横读；语速要适中。

要求在3.5分钟之内读完100个字词，应避免语速过快或过慢。

（3）多音字读其中一个音即可，建议选择最常用的一个读音。

（4）不读轻声、儿化。

（5）不跳读，不要将形近字误读，读错及时纠正。

如：棒—捧　　垮—挎　　拨—拔　　凹—凸　　冶—治

二、读多音节词语

（一）基本情况

这一题共有100个音节，限时2.5分钟，分值20分。

测试目的：测查应试人声母、韵母、声调和变调、轻声、儿化读音的标准程度。

评分标准：

（1）语音错误，每个音节扣0.2分。

（2）语音缺陷，每个音节扣0.1分。

（3）超时1分钟以内，扣0.5分；超时1分钟以上（含1分钟），扣1分

（4）音节允许改读，以最后一遍读音为记评音。

（二）读多音节词语应试注意点

（1）以词语为单位，看清语序，不要误读。

如：来回——回来　　盘算——算盘

　　国外——外国　　牲畜——畜生

（2）区分并列在一起的难点音。

如：宿舍　　纯粹　　扰乱　　能力

心灵　　应聘　　诚恳　　深层

（3）多音节词语的末尾音节是上声的要读全其调值（轻声除外）。

如：探讨　亲手　烦恼　理想　一点儿　跑腿儿

（4）读出轻声词，判定要准确。

如：帮手　学生　膏药　牌楼　首饰　学问　胭脂

（5）读好儿化词，卷舌要自然。

如：聊天儿　老头儿　没准儿　电影儿　胡同儿　脖颈儿

（6）读准双音节词语中的多音字。

如：答应——答复　　便饭——便宜
　　给以——给予　　创造——创伤

（7）上声、"一""不"的变调要准确。

如：感动　美好　一律　一起
　　不好　不用　洗一洗　差不多

（8）念好轻重音格式。

如：颁布　合理　脑袋　洒脱　流水线

（9）异读词以《普通话异读词审音表》为准。

如：卑鄙　惩罚　横财　剽窃
　　血（血压、出血了）　　熟（成熟、饭熟了）

三、普通话水平测试易读错字词

（一）易读错单音节字词

瘪 biě	铂 bó	箔 bó	帛 bó	跛 bǒ
杈 chà	蹭 cèng	抻 chēn	舂 chōng	攒 cuán/zǎn
焠 cuì	皴 cūn	挫 cuò	锉 cuò	舱 cāng
簇 cù	蹿 cuān	窜 cuàn	掸 dǎn	档 dàng
蹬 dēng	掂 diān	滇 diān	锭 dìng	囤 dùn/tún
踱 duó	垛 duǒ/duò	擀 gǎn	篙 gāo	镐 gǎo
勾 gōu/gòu	汞 gǒng	拱 gǒng	氦 hài	骇 hài
蚶 hān	颌 hé	喙 huì	戟 jǐ	麂 jǐ
髻 jì	颊 jiá	秸 jiē	灸 jiǔ	厩 jiù
掘 jué	厥 jué	蕨 jué	咯 kǎ/gē/lo	揩 kāi
抠 kōu	垮 kuǎ	挎 kuà	框 kuàng	奎 kuí

擂 léi/lèi	镭 léi	撩 liào	拎 līn	伶 líng
绺 liǔ	陇 lǒng	垄 lǒng	篓 lǒu	捋 lǚ
抡 lūn	摞 luò	鳗 mán	氖 nǎi	挠 náo
蔫 niān	黏 nián	捻 niǎn	碾 niǎn	撵 niǎn
廿 niàn	啮 niè	镍 niè	孽 niè	拧 níng/nǐng
坯 pī	癖 pǐ	瞟 piǎo	撇 piē/piě	氕 piē
仆 pū/pú	畦 qí	鳍 qí	讫 qì	跷 qiāo
锹 qiāo	呛 qiāng/qiàng	磬 qìng	仇 qiú	祛 qū
蛆 qū	券 quàn	瘸 qué	仨 sā	卅 sà
缫 sāo	臊 sāo/sào	恃 shì	逝 shì	舐 shì
嗜 shì	噬 shì	螫 shì	僧 sēng	拴 shuān
髓 suǐ	涮 shuàn	吮 shǔn	祀 sì	俟 sì
嗣 sì	溯 sù	绥 suí	钛 tài	帖 tiě/tiè
臀 tún	剜 wān	蔓 màn/wàn	韦 wéi	苇 wěi
瓮 wèng	捂 wǔ	铣 xǐ/xiǎn	纤 xiān/qiàn	舷 xián
涎 xián	霰 xiàn	饷 xiǎng	肖 xiāo/xiào	楔 xiē
挟 xié	偕 xié	屑 xiè	戌 xū	癣 xuǎn
徉 yáng	掖 yē	噎 yē	曳 yè	掖 yè
谕 yù	垣 yuán	眨 zhǎ	憎 zēng	轧 zhá/yà/gá
铡 zhá	褶 zhě	冢 zhǒng	拽 zhuāi/zhuài	撰 zhuàn
篆 zhuàn	赘 zhuì	拙 zhuō	卓 zhuó	攥 zuàn

（二）易读错多音节词语

皑皑 áiái	盎然 àngrán	凹陷 āoxiàn	包扎 bāozā
背脊 bèijǐ	被褥 bèirù	笨拙 bènzhuō	绷带 bēngdài
迸发 bèngfā	匕首 bǐshǒu	鄙视 bǐshì	鄙夷 bǐyí
婢女 bìnǚ	编撰 biānzhuàn	编纂 biānzuǎn	标识 biāozhì/biāoshí
濒临 bīnlín	摈弃 bìnqì	摒弃 bìngqì	剥离 bōlí
哺育 bǔyù	不啻 búchì	孢子 bāozǐ	编辑 biān·jí
播种 bōzhǒng/bōzhòng		不禁 bùjīn	部署 bùshǔ
参与 cānyù	储存 chǔcún	穿着 chuānzhuó	创伤 chuāngshāng
粗糙 cūcāo	挫折 cuòzhé	禅宗 chánzōng	潺潺 chánchán
蟾蜍 chánchú	巢穴 cháoxué	朝拜 cháobài	驰骋 chíchěng

抽搐 chōuchù	踌躇 chóuchú	惆怅 chóuchàng	雏形 chúxíng
橱窗 chúchuāng	处方 chǔfāng	处决 chǔjué	处女 chǔnǚ
处世 chǔshì	处事 chǔshì	处所 chùsuǒ	畜力 chùlì
船舷 chuánxián	创痛 chuāngtòng	疮疤 chuāngbā	啜泣 chuòqì
绰号 chuòhào	从容 cóngróng	篡夺 cuànduó	村寨 cūnzhài
挫败 cuòbài	挫伤 cuòshāng	大相径庭 dàxiāng-jìngtíng	
胆怯 dǎnqiè	倒转 dàozhuǎn/dàozhuàn		登载 dēngzǎi
洞穴 dòngxué	笃信 dǔxìn	当作 dàngzuò	档案 dàng'àn
萼片 èpiàn	遏止 èzhǐ	恶劣 èliè	符合 fúhé
腐蚀 fǔshí	附着 fùzhuó	梵文 fànwén	氛围 fēnwéi
方兴未艾 fāngxīng-wèi'ài		丰腴 fēngyú	
风驰电掣 fēngchí-diànchè		芙蓉 fúróng	附和 fùhè
复辟 fùbì	干劲 gànjìn	刚劲 gāngjìng	哽咽 gěngyè
公仆 gōngpú	关卡 guānqiǎ	皈依 guīyī	供给 gōngjǐ
供求 gōngqiú	供应 gōngyìng	勾结 gōujié	勾当 gòudàng
海市蜃楼 hǎishì-shènlóu		汗流浃背 hànliú-jiābèi	
巷道 hàngdào	红晕 hóngyùn	候补 hòubǔ	候鸟 hòuniǎo
豢养 huànyǎng	黄澄澄 huángdēngdēng		羁绊 jībàn
汲取 jíqǔ	即兴 jíxìng	急遽 jíjù	嫉妒 jídù
给养 jǐyǎng	脊髓 jǐsuǐ	脊柱 jǐzhù	脊椎 jǐzhuī
伎俩 jìliǎng	家眷 jiājuàn	缄默 jiānmò	煎熬 jiān'áo
间或 jiànhuò	间作 jiànzuò	奖券 jiǎngquàn	
矫揉造作 jiǎoróu-zàozuò		校对 jiàoduì	校样 jiàoyàng
校正 jiàozhèng	教诲 jiàohuì	酵母 jiàomǔ	禁锢 jìngù
禁忌 jìnjì	精髓 jīngsuǐ	劲旅 jìnglǚ	镜框 jìngkuàng
臼齿 jiùchǐ	拘泥 jūnì	鞠躬尽瘁 jūgōng-jìncuì	
沮丧 jǔsàng	矩形 jǔxíng	倔强 juéjiàng	崛起 juéqǐ
攫取 juéqǔ	居然 jūrán	刊载 kānzǎi	看护 kānhù
亢奋 kàngfèn	亢进 kàngjìn	恪守 kèshǒu	铿锵 kēngqiāng
脍炙人口 kuàizhì-rénkǒu		宽度 kuāndù	框架 kuàngjià
傀儡 kuǐlěi	匮乏 kuìfá	勒令 lèlìng	勒索 lèsuǒ
累及 lěijí	累计 lěijì	肋骨 lèigǔ	棱角 léngjiǎo

棱镜 léngjìng	砾石 lìshí	脸颊 liǎnjiá	两栖 liǎngqī
踉跄 liàngqiàng	瞭望 liàowàng	琳琅满目 línláng-mǎnmù	
嶙峋 línxún	吝啬 lìnsè	芦苇 lúwěi	绿林 lùlín
屡见不鲜 lǚjiàn-bùxiān		孪生 luánshēng	氯气 lǜqì
卵巢 luǎncháo	掠夺 lüèduó	蛮横 mánhèng	满载 mǎnzài
谩骂 mànmà	蔓延 mànyán	漫不经心 mànbù-jīngxīn	
毛骨悚然 máogǔ-sǒngrán		门框 ménkuàng	面颊 miànjiá
冥想 míngxiǎng	铭文 míngwén	魔爪 mózhǎo	模板 múbǎn
目瞪口呆 mùdèng-kǒudāi		内疚 nèijiù	内省 nèixǐng
涅槃 nièpán	狞笑 níngxiào	宁可 nìngkě	宁愿 nìngyuàn
牛犊 niúdú	排忧解难 páiyōu-jiěnàn		盘踞 pánjù
抨击 pēngjī	烹饪 pēngrèn	毗邻 pílín	匹配 pǐpèi
媲美 pìměi	瞥见 piējiàn	匍匐 púfú	譬如 pìrú
酋长 qiúzhǎng	栖息 qīxī	迄今 qìjīn	
千钧一发 qiānjūn-yīfā		前仆后继 qiánpū-hòujì	
潜藏 qiáncáng	潜伏 qiánfú	潜入 qiánrù	潜水 qiánshuǐ
潜艇 qiántǐng	潜移默化 qiányí-mòhuà		强劲 qiángjìng
强求 qiǎngqiú	悄然 qiǎorán	悄声 qiǎoshēng	惬意 qièyì
钦差 qīnchāi	倾倒 qīngdǎo	清真寺 qīngzhēnsì	蜻蜓 qīngtíng
情不自禁 qíngbù-zìjīn		顷刻 qǐngkè	蜷缩 quánsuō
确凿 quèzáo	冗长 rǒngcháng	蹂躏 róulìn	肉食 ròushí
僧侣 sēnglǚ	丧事 sāngshì	丧葬 sāngzàng	丧气 sàngqì
纱锭 shādìng	刹车 shāchē	傻瓜 shǎguā	霎时 shàshí
筛选 shāixuǎn	山坳 shān'ào	膳食 shànshí	赡养 shànyǎng
商榷 shāngquè	拾级 shèjí	倏然 shūrán	水獭 shuǐtǎ
司空见惯 sīkōng-jiànguàn		似是而非 sìshì-érfēi	伺机 sìjī
肆无忌惮 sìwú-jìdàn	寺院 sìyuàn	似乎 sìhū	湍流 tuānliú
弹劾 tánhé	绦虫 tāochóng	逃窜 táocuàn	挑衅 tiǎoxìn
眺望 tiàowàng	吞噬 tūnshì	拖累 tuōlěi	挖潜 wāqián
外宾 wàibīn	未遂 wèisuì	慰藉 wèijiè	纤细 xiānxì
衔接 xiánjiē	舷窗 xiánchuāng	相称 xiāngchèn	相处 xiāngchǔ
喧哗 xuānhuá	喧闹 xuānnào	旋即 xuánjí	旋涡 xuánwō

旋风 xuànfēng	眩晕 xuànyùn	渲染 xuànrǎn	削价 xuējià
穴位 xuéwèi	学期 xuéqī	驯服 xùnfú	驯化 xùnhuà
驯鹿 xùnlù	驯养 xùnyǎng	胸脯 xiōngpú	削弱 xuēruò
要挟 yāoxié	一筹莫展 yīchóu-mòzhǎn		依偎 yīwēi
贻误 yíwù	意旨 yìzhǐ	引擎 yǐnqíng	荫庇 yìnbì
应届 yīngjiè	应允 yīngyǔn	应邀 yìngyāo	应战 yìngzhàn
应征 yìngzhēng	佣金 yòngjīn	油脂 yóuzhī	
有的放矢 yǒudì-fàngshǐ		与会 yùhuì	陨石 yǔnshí
着急 zháojí	召集 zhàojí	针灸 zhēnjiǔ	载体 zàitǐ
载重 zàizhòng	造诣 zàoyì	啧啧 zézé	憎恨 zēnghèn
憎恶 zēngwù	择菜 zháicài	债券 zhàiquàn	占卜 zhānbǔ
粘连 zhānlián	瞻仰 zhānyǎng	招徕 zhāolái	招募 zhāomù
着火 zháohuǒ	着迷 zháomí	爪牙 zhǎoyá	召唤 zhàohuàn
召见 zhàojiàn	诏书 zhàoshū	褶皱 zhězhòu	
震耳欲聋 zhèn'ěr-yùlóng		症结 zhēngjié	只身 zhīshēn
执拗 zhíniù	中风 zhòngfēng	中肯 zhòngkěn	中意 zhòngyì
仲裁 zhòngcái	骤然 zhòurán	主角 zhǔjué	主旨 zhǔzhǐ
伫立 zhùlì	驻扎 zhùzhā	装载 zhuāngzài	赘述 zhuìshù
着力 zhuólì	着陆 zhuólù	着落 zhuóluò	琢磨 zhuómó/zuómo
啄木鸟 zhuómùniǎo	着实 zhuóshí	着手 zhuóshǒu	着想 zhuóxiǎng
着眼 zhuóyǎn	着意 zhuóyì	卓越 zhuóyuè	着重 zhuózhòng
卓著 zhuózhù			

四、普通话水平测试用必读轻声词语表

本表根据《普通话水平测试用普通话词语表》编制。

本表供普通话水平测试第二项——读多音节词语（100个音节）测试使用。

本表共收词594条（其中"子"尾词217条），按汉语拼音字母顺序排列。

本表遵照《汉语拼音正词法基本规则》（GB/T 16159-2012）的标调规则，必读轻声音节不标调号。

爱人 àiren	案子 ànzi	巴结 bājie	巴掌 bāzhang
把子 bǎzi	把子 bàzi	爸爸 bàba	白净 báijing

班子 bānzi	板子 bǎnzi	帮手 bāngshou	梆子 bāngzi
膀子 bǎngzi	棒槌 bàngchui	棒子 bàngzi	包袱 bāofu
包子 bāozi	刨子 bàozi	豹子 bàozi	杯子 bēizi
被子 bèizi	本事 běnshi	本子 běnzi	鼻子 bízi
比方 bǐfang	鞭子 biānzi	扁担 biǎndan	辫子 biànzi
别扭 bièniu	饼子 bǐngzi	脖子 bózi	薄荷 bòhe
簸箕 bòji	补丁 bǔding	不由得 bùyóude	步子 bùzi
部分 bùfen	财主 cáizhu	裁缝 cáifeng	苍蝇 cāngying
差事 chāishi	柴火 cháihuo	肠子 chángzi	厂子 chǎngzi
场子 chǎngzi	车子 chēzi	称呼 chēnghu	池子 chízi
尺子 chǐzi	虫子 chóngzi	绸子 chóuzi	出息 chūxi
除了 chúle	锄头 chútou	畜生 chùsheng	窗户 chuānghu
窗子 chuāngzi	锤子 chuízi	伺候 cìhou	刺猬 cìwei
凑合 còuhe	村子 cūnzi	牟拉 dāla	答应 dāying
打扮 dǎban	打点 dǎdian	打发 dǎfa	打量 dǎliang
打算 dǎsuan	打听 dǎting	打招呼 dǎzhāohu	大方 dàfang
大爷 dàye	大意 dàyi	大夫 dàifu	带子 dàizi
袋子 dàizi	单子 dānzi	耽搁 dānge	耽误 dānwu
胆子 dǎnzi	担子 dànzi	刀子 dāozi	道士 dàoshi
稻子 dàozi	灯笼 dēnglong	凳子 dèngzi	提防 dīfang
滴水 dīshui	笛子 dízi	嘀咕 dígu	底子 dǐzi
地道 dìdao	地方 dìfang	弟弟 dìdi	弟兄 dìxiong
点心 diǎnxin	点子 diǎnzi	调子 diàozi	碟子 diézi
钉子 dīngzi	东家 dōngjia	东西 dōngxi	动静 dòngjing
动弹 dòngtan	豆腐 dòufu	豆子 dòuzi	嘟囔 dūnang
肚子 dǔzi	肚子 dùzi	端详 duānxiang	缎子 duànzi
队伍 duìwu	对付 duìfu	对头 duìtou	对子 duìzi
多么 duōme	哆嗦 duōsuo	蛾子 ézi	儿子 érzi
耳朵 ěrduo	贩子 fànzi	房子 fángzi	废物 fèiwu
份子 fènzi	风筝 fēngzheng	疯子 fēngzi	福气 fúqi
斧子 fǔzi	富余 fùyu	盖子 gàizi	甘蔗 gānzhe
杆子 gānzi	杆子 gǎnzi	干事 gànshi	杠子 gàngzi

高粱 gāoliang	膏药 gāoyao	稿子 gǎozi	告诉 gàosu
疙瘩 gēda	哥哥 gēge	胳膊 gēbo	鸽子 gēzi
格子 gézi	个子 gèzi	根子 gēnzi	跟头 gēntou
工夫 gōngfu	弓子 gōngzi	公公 gōnggong	功夫 gōngfu
钩子 gōuzi	姑姑 gūgu	姑娘 gūniang	谷子 gǔzi
骨头 gǔtou	故事 gùshi	寡妇 guǎfu	褂子 guàzi
怪不得 guàibude	怪物 guàiwu	关系 guānxi	官司 guānsi
棺材 guāncai	罐头 guàntou	罐子 guànzi	规矩 guīju
闺女 guīnü	鬼子 guǐzi	柜子 guìzi	棍子 gùnzi
果子 guǒzi	哈欠 hāqian	蛤蟆 háma	孩子 háizi
含糊 hánhu	汉子 hànzi	行当 hángdang	合同 hétong
和尚 héshang	核桃 hétao	盒子 hézi	恨不得 hènbude
红火 hónghuo	猴子 hóuzi	后头 hòutou	厚道 hòudao
狐狸 húli	胡萝卜 húluóbo	胡琴 húqin	胡子 húzi
葫芦 húlu	糊涂 hútu	护士 hùshi	皇上 huángshang
幌子 huǎngzi	活泼 huópo	火候 huǒhou	伙计 huǒji
机灵 jīling	记号 jìhao	记性 jìxing	夹子 jiāzi
家伙 jiāhuo	架势 jiàshi	架子 jiàzi	嫁妆 jiàzhuang
尖子 jiānzi	茧子 jiǎnzi	剪子 jiǎnzi	见识 jiànshi
毽子 jiànzi	将就 jiāngjiu	交情 jiāoqing	饺子 jiǎozi
叫唤 jiàohuan	轿子 jiàozi	结实 jiēshi	街坊 jiēfang
姐夫 jiěfu	姐姐 jiějie	戒指 jièzhi	芥末 jièmo
金子 jīnzi	精神 jīngshen	镜子 jìngzi	舅舅 jiùjiu
橘子 júzi	句子 jùzi	卷子 juànzi	开通 kāitong
靠得住 kàodezhù	咳嗽 késou	客气 kèqi	空子 kòngzi
口袋 kǒudai	口子 kǒuzi	扣子 kòuzi	窟窿 kūlong
裤子 kùzi	快活 kuàihuo	筷子 kuàizi	框子 kuàngzi
阔气 kuòqi	拉扯 lāche	喇叭 lǎba	喇嘛 lǎma
来得及 láidejí	篮子 lánzi	懒得 lǎnde	榔头 lángtou
浪头 làngtou	唠叨 láodao	老婆 lǎopo	老实 lǎoshi
老太太 lǎotàitai	老头子 lǎotóuzi	老爷 lǎoye	老爷子 lǎoyézi
老子 lǎozi	姥姥 lǎolao	累赘 léizhui	篱笆 líba

里头 lǐtou	力气 lìqi	厉害 lìhai	利落 lìluo
利索 lìsuo	例子 lìzi	栗子 lìzi	痢疾 lìji
连累 liánlei	帘子 liánzi	凉快 liángkuai	粮食 liángshi
两口子 liǎngkǒuzi	料子 liàozi	林子 línzi	铃铛 língdang
翎子 língzi	领子 lǐngzi	溜达 liūda	聋子 lóngzi
笼子 lóngzi	炉子 lúzi	路子 lùzi	轮子 lúnzi
啰唆 luōsuo	萝卜 luóbo	骡子 luózi	骆驼 luòtuo
妈妈 māma	麻烦 máfan	麻利 máli	麻子 mázi
马虎 mǎhu	码头 mǎtou	买卖 mǎimai	麦子 màizi
馒头 mántou	忙活 mánghuo	冒失 màoshi	帽子 màozi
眉毛 méimao	媒人 méiren	妹妹 mèimei	门道 méndao
眯缝 mīfeng	迷糊 míhu	面子 miànzi	苗条 miáotiao
苗头 miáotou	苗子 miáozi	名堂 míngtang	名字 míngzi
明白 míngbai	模糊 móhu	蘑菇 mógu	木匠 mùjiang
木头 mùtou	那么 nàme	奶奶 nǎinai	难为 nánwei
脑袋 nǎodai	脑子 nǎozi	能耐 néngnai	你们 nǐmen
念叨 niàndao	念头 niàntou	娘家 niángjia	镊子 nièzi
奴才 núcai	女婿 nǔxu	暖和 nuǎnhuo	疟疾 nüèji
拍子 pāizi	牌楼 páilou	牌子 páizi	盘算 pánsuan
盘子 pánzi	胖子 pàngzi	狍子 páozi	袍子 páozi
盆子 pénzi	朋友 péngyou	棚子 péngzi	皮子 pízi
脾气 píqi	痞子 pǐzi	屁股 pìgu	片子 piānzi
便宜 piányi	骗子 piànzi	票子 piàozi	漂亮 piàoliang
瓶子 píngzi	婆家 pójia	婆婆 pópo	铺盖 pūgai
欺负 qīfu	旗子 qízi	前头 qiántou	钳子 qiánzi
茄子 qiézi	亲戚 qīnqi	勤快 qínkuai	清楚 qīngchu
亲家 qìngjia	曲子 qǔzi	圈子 quānzi	拳头 quántou
裙子 qúnzi	热闹 rènao	人家 rénjia	人们 rénmen
认识 rènshi	日子 rìzi	褥子 rùzi	塞子 sāizi
嗓子 sǎngzi	嫂子 sǎozi	扫帚 sàozhou	沙子 shāzi
傻子 shǎzi	扇子 shànzi	商量 shāngliang	晌午 shǎngwu
上司 shàngsi	上头 shàngtou	烧饼 shāobing	勺子 sháozi

少爷 shàoye	哨子 shàozi	舌头 shétou	舍不得 shěbude
舍得 shěde	身子 shēnzi	什么 shénme	婶子 shěnzi
生意 shēngyi	牲口 shēngkou	绳子 shéngzi	师父 shīfu
师傅 shīfu	虱子 shīzi	狮子 shīzi	石匠 shíjiang
石榴 shíliu	石头 shítou	时辰 shíchen	时候 shíhou
实在 shízai	拾掇 shíduo	使唤 shǐhuan	世故 shìgu
似的 shìde	事情 shìqing	试探 shìtan	柿子 shìzi
收成 shōucheng	收拾 shōushi	首饰 shǒushi	叔叔 shūshu
梳子 shūzi	舒服 shūfu	舒坦 shūtan	疏忽 shūhu
爽快 shuǎngkuai	思量 sīliang	俗气 súqi	算计 suànji
岁数 suìshu	孙子 sūnzi	他们 tāmen	它们 tāmen
她们 tāmen	踏实 tāshi	台子 táizi	太太 tàitai
摊子 tānzi	坛子 tánzi	毯子 tǎnzi	桃子 táozi
特务 tèwu	梯子 tīzi	蹄子 tízi	甜头 tiántou
挑剔 tiāoti	挑子 tiāozi	条子 tiáozi	跳蚤 tiàozao
铁匠 tiějiang	亭子 tíngzi	头发 tóufa	头子 tóuzi
兔子 tùzi	妥当 tuǒdang	唾沫 tuòmo	挖苦 wāku
娃娃 wáwa	袜子 wàzi	外甥 wàisheng	外头 wàitou
晚上 wǎnshang	尾巴 wěiba	委屈 wěiqu	为了 wèile
位置 wèizhi	位子 wèizi	温和 wēnhuo	蚊子 wénzi
稳当 wěndang	窝囊 wōnang	我们 wǒmen	屋子 wūzi
稀罕 xīhan	席子 xízi	媳妇 xífu	喜欢 xǐhuan
瞎子 xiāzi	匣子 xiázi	下巴 xiàba	吓唬 xiàhu
先生 xiānsheng	乡下 xiāngxia	箱子 xiāngzi	相声 xiàngsheng
消息 xiāoxi	小伙子 xiǎohuǒzi	小气 xiǎoqi	小子 xiǎozi
笑话 xiàohua	歇息 xiēxi	蝎子 xiēzi	鞋子 xiézi
谢谢 xièxie	心思 xīnsi	星星 xīngxing	猩猩 xīngxing
行李 xíngli	行头 xíngtou	性子 xìngzi	兄弟 xiōngdi
休息 xiūxi	秀才 xiùcai	秀气 xiùqi	袖子 xiùzi
靴子 xuēzi	学生 xuésheng	学问 xuéwen	丫头 yātou
鸭子 yāzi	衙门 yámen	哑巴 yǎba	胭脂 yānzhi
烟筒 yāntong	眼睛 yǎnjing	燕子 yànzi	秧歌 yāngge

养活 yǎnghuo	样子 yàngzi	吆喝 yāohe	妖精 yāojing
钥匙 yàoshi	椰子 yēzi	爷爷 yéye	叶子 yèzi
一辈子 yíbèizi	一揽子 yìlǎnzi	衣服 yīfu	衣裳 yīshang
椅子 yǐzi	意思 yìsi	银子 yínzi	影子 yǐngzi
应酬 yìngchou	柚子 yòuzi	芋头 yùtou	冤家 yuānjia
冤枉 yuānwang	园子 yuánzi	院子 yuànzi	月饼 yuèbing
月亮 yuèliang	云彩 yúncai	运气 yùnqi	在乎 zàihu
咱们 zánmen	早上 zǎoshang	怎么 zěnme	扎实 zhāshi
眨巴 zhǎba	栅栏 zhàlan	宅子 zháizi	寨子 zhàizi
张罗 zhāngluo	丈夫 zhàngfu	丈人 zhàngren	帐篷 zhàngpeng
帐子 zhàngzi	招呼 zhāohu	招牌 zhāopai	折腾 zhēteng
这个 zhège	这么 zhème	枕头 zhěntou	芝麻 zhīma
知识 zhīshi	侄子 zhízi	指甲 zhǐjia（zhījia）	指头 zhǐtou（zhítou）
种子 zhǒngzi	珠子 zhūzi	竹子 zhúzi	主意 zhǔyi（zhúyi）
主子 zhǔzi	柱子 zhùzi	爪子 zhuǎzi	转悠 zhuànyou
庄稼 zhuāngjia	庄子 zhuāngzi	壮实 zhuàngshi	状元 zhuàngyuan
锥子 zhuīzi	桌子 zhuōzi	自在 zìzai	字号 zìhao
粽子 zòngzi	祖宗 zǔzong	嘴巴 zuǐba	作坊 zuōfang
琢磨 zuómo	做作 zuòzuo		

五、普通话水平测试用儿化词语表

本表参照《普通话水平测试用普通话词语表》及《现代汉语词典》（第7版）编制。加*的是以上二者未收，根据测试需要而酌增的条目。

本表仅供普通话水平测试第二项——读多音节词语（100个音节）测试使用。本表儿化音节，在书面上一律加"儿"，但并不表明所列词语在任何语用场合都必须儿化。

本表共收词200条，列出原形韵母和所对应的儿化韵，用符号＞表示由哪个原形韵母变为儿化韵。描写儿化韵中的"："表示"："之前的是主要元音（韵腹），不是介音（韵头）。

本表的汉语拼音注音，只在基本形式后面加r，如"一会儿 yīhuìr"，不标语音上的实际变化。

一

a ＞ ar	板擦儿 bǎncār	打杂儿 dǎzár
	刀把儿 dāobàr	号码儿 hàomǎr
	没法儿 méifǎr	戏法儿 xìfǎr
	找碴儿 zhǎochár	
ai ＞ ar	壶盖儿 *húgàir	加塞儿 jiāsāir
	名牌儿 míngpáir	小孩儿 xiǎoháir
	鞋带儿 *xiédàir	
an ＞ ar	包干儿 bāogānr	笔杆儿 bǐgǎnr
	快板儿 kuàibǎnr	老伴儿 lǎobànr
	脸蛋儿 liǎndànr	脸盘儿 liǎnpánr
	门槛儿 ménkǎnr	收摊儿 shōutānr
	蒜瓣儿 suànbànr	栅栏儿 zhàlanr

二

| ang ＞ ar（鼻化） | 赶趟儿 gǎntàngr | 瓜瓤儿 *guārángr |
| | 香肠儿 xiāngchángr | 药方儿 yàofāngr |

三

ia ＞ iar	掉价儿 diàojiàr	豆芽儿 dòuyár
	一下儿 yīxiàr	
ian ＞ iar	半点儿 bàndiǎnr	差点儿 chàdiǎnr
	坎肩儿 kǎnjiānr	拉链儿 lāliànr
	聊天儿 liáotiānr	露馅儿 lòuxiànr
	冒尖儿 màojiānr	扇面儿 shànmiànr
	馅儿饼 xiànrbǐng	小辫儿 xiǎobiànr
	心眼儿 xīnyǎnr	牙签儿 yáqiānr
	一点儿 yīdiǎnr	有点儿 yǒudiǎnr
	雨点儿 yǔdiǎnr	照片儿 zhàopiānr

四

| iang ＞ iar（鼻化） | 鼻梁儿 bíliángr | 花样儿 huāyàngr |
| | 透亮儿 tòuliàngr | |

五

ua ＞ uar	大褂儿 dàguàr		麻花儿 máhuār
	马褂儿 mǎguàr		脑瓜儿 nǎoguār
	小褂儿 xiǎoguàr		笑话儿 xiàohuar
	牙刷儿 yáshuār		
uai ＞ uar	一块儿 yīkuàir		
uan ＞ uar	茶馆儿 chá guǎnr		打转儿 dǎzhuànr
	大腕儿 dàwànr		饭馆儿 fàn guǎnr
	拐弯儿 guǎiwānr		好玩儿 hǎowánr
	火罐儿 huǒguànr		落款儿 luòkuǎnr

六

uang ＞ uar（鼻化）	打晃儿 dǎhuàngr		蛋黄儿 dànhuángr
	天窗儿 tiānchuāngr		

七

üan ＞ üar	包圆儿 bāoyuánr		出圈儿 chūquānr
	绕远儿 ràoyuǎnr		人缘儿 rényuánr
	手绢儿 shǒujuànr		烟卷儿 yānjuǎnr
	杂院儿 záyuànr		

八

ei ＞ er	刀背儿 dāobèir		摸黑儿 mōhēir
en ＞ er	把门儿 bǎménr		别针儿 biézhēnr
	大婶儿 dàshěnr		刀刃儿 dāorènr
	高跟儿鞋 *gāogēnrxié		哥们儿 gēmenr
	后跟儿 hòugēnr		花盆儿 *huāpénr
	老本儿 lǎoběnr		面人儿 miànrénr
	纳闷儿 nàmènr		嗓门儿 sǎngménr
	小人儿书 xiǎorénrshū		杏仁儿 xìngrénr
	压根儿 yàgēnr		一阵儿 yīzhènr
	走神儿 zǒushénr		

九

eng ＞ er（鼻化）	脖颈儿 bógěngr		钢镚儿 gāngbèngr
	夹缝儿 jiāfèngr		提成儿 tíchéngr

十

| ie＞ier | 半截儿 bànjiér | 小鞋儿 xiǎoxiér |
| üe＞üer | 旦角儿 dànjuér | 主角儿 zhǔjuér |

十一

uei＞uer	耳垂儿 ěrchuír	墨水儿 mòshuǐr
	跑腿儿 pǎotuǐr	围嘴儿 wéizuǐr
	一会儿 yīhuìr	走味儿 zǒuwèir
uen＞uer	冰棍儿 bīnggùnr	打盹儿 dǎdǔnr
	光棍儿 guānggùnr	开春儿 kāichūnr
	没准儿 méizhǔnr	胖墩儿 pàngdūnr
	砂轮儿 shālúnr	
ueng＞uer（鼻化）	小瓮儿 *xiǎowèngr	

十二

−i（前）＞er	瓜子儿 guāzǐr	没词儿 méicír
	石子儿 shízǐr	挑刺儿 tiāocìr
−i（后）＞er	记事儿 jìshìr	锯齿儿 jùchǐr
	墨汁儿 mòzhīr	

十三

i＞i: er	垫底儿 diàndǐr	肚脐儿 dùqír
	玩意儿 wányìr	针鼻儿 zhēnbír
in＞i: er	脚印儿 jiǎoyìnr	送信儿 sòngxìnr
	有劲儿 yǒujìnr	

十四

ing＞i: er（鼻化）	打鸣儿 dǎmíngr	蛋清儿 dànqīngr
	花瓶儿 huāpíngr	火星儿 huǒxīngr
	门铃儿 ménlíngr	人影儿 rényǐngr
	图钉儿 túdīngr	眼镜儿 yǎnjìngr

十五

ü＞ü: er	毛驴儿 máolǘr	痰盂儿 tányúr
	小曲儿 xiǎoqǔr	
ün＞ü: er	合群儿 héqúnr	

十六

e ＞ er　挨个儿 āigèr　　　　唱歌儿 *chànggēr

　　　　打嗝儿 dǎgér　　　　单个儿 dāngèr

　　　　逗乐儿 dòulèr　　　　饭盒儿 fànhér

　　　　模特儿 mótèr

十七

u ＞ ur　泪珠儿 lèizhūr　　　梨核儿 *líhúr

　　　　没谱儿 méipǔr　　　　碎步儿 suìbùr

　　　　媳妇儿 xífur　　　　　有数儿 yǒushùr

十八

ong ＞ or（鼻化）　抽空儿 chōukòngr　　果冻儿 guǒdòngr

　　　　　　　　　胡同儿 hútòngr　　　酒盅儿 jiǔzhōngr

　　　　　　　　　门洞儿 méndòngr　　小葱儿 xiǎocōngr

iong ＞ ior（鼻化）　小熊儿 *xiǎoxióngr

十九

ao ＞ aor　半道儿 bàndàor　　　灯泡儿 dēngpàor

　　　　　红包儿 hóngbāor　　　叫好儿 jiàohǎor

　　　　　绝着儿 juézhāor　　　口哨儿 kǒushàor

　　　　　口罩儿 kǒuzhàor　　　蜜枣儿 mìzǎor

　　　　　手套儿 shǒutàor　　　跳高儿 tiàogāor

二十

iao ＞ iaor　豆角儿 dòujiǎor　　　火苗儿 huǒmiáor

　　　　　　开窍儿 kāiqiàor　　　面条儿 miàntiáor

　　　　　　跑调儿 pǎodiàor　　　鱼漂儿 yúpiāor

二十一

ou ＞ our　个头儿 gètóur　　　　老头儿 lǎotóur

　　　　　门口儿 ménkǒur　　　年头儿 niántóur

　　　　　纽扣儿 niǔkòur　　　线轴儿 xiànzhóur

　　　　　小丑儿 xiǎochǒur　　小偷儿 xiǎotōur

　　　　　衣兜儿 yīdōur

二十二

iou＞iour	顶牛儿 dǐngniúr	加油儿 jiāyóur
	棉球儿 *miánqiúr	抓阄儿 zhuājiūr

二十三

uo＞uor	被窝儿 bèiwōr	出活儿 chūhuór
	大伙儿 dàhuǒr	火锅儿 huǒguōr
	绝活儿 juéhuór	小说儿 xiǎoshuōr
	邮戳儿 yóuchuōr	做活儿 zuòhuór
（o）＞or	耳膜儿 *ěrmór	粉末儿 fěnmòr

附录

普通话水平测试用普通话词语表

说明：

1.本表在《普通话水平测试实施纲要》（2004版）《普通话水平测试用普通话词语表》的基础上，参照《通用规范汉字表》（一、二级字）、《现代汉语常用词表》（第2版）前20000词、中国社会科学院语言研究所词典编辑室编的《现代汉语词典》（第5—7版）、国家语委现代汉语语料库等资料修订。

2.本表供普通话水平测试第一项——读单音节字词（100个音节）和第二项——读多音节词语（100个音节）测试使用，亦可作为普通话学习训练资料。

3.本表共收词语18442条。按照常用度，分为"表一"8361条，"表二"10081条。所收词语按汉语拼音字母顺序排列。本表的用字包括《通用规范汉字表》一级字3500个，二级字458个。

4.本表中的多音字，在单字下标注多个读音，如"漂piāo/piǎo/piào"，按第一个读音参加排序。

5.本表中除必读轻声音节外，一律只标本调，不标变调。

6.本表中的轻声词条分为必读轻声和一般轻读、间或重读。必读轻声音节，注音不标调号，如"明白míngbai"；一般轻读、间或重读音节，注音标调号，并在该音节前加圆点提示，如"母亲mǔ·qīn"。

7.本表中的儿化音节，注音时只在基本形式后面加r，如"一会儿yīhuìr"，不标语音上的实际变化。部分儿化词语同时收录儿化形式和非儿化形式，如"胡同儿（胡同）hútòngr（hútòng）"。

表一

表二

第 三 章
普通话水平测试短文朗读

朗读是把书面语言转化为有声语言的一种再创作活动。朗读不仅可以提高阅读能力，而且可以强化理解能力。系统化的朗读训练，可以更有效地强化从无声文字到有声语言的转换能力。朗读者要在深入分析理解作品内容的基础上，加深感受，产生真实的感情、鲜明的态度，然后通过富有感染力的声音，准确生动地再现作品的思想内容，加深听者对作品的理解，引起共鸣，从而达到朗读的目的。朗读能力强，可以忠实地再现朗读文本的全部思想，还可以通过有声语言调节弥补原朗读文本文字底稿的某些不足。

在普通话水平测试中，朗读的目的是测查应试人使用普通话朗读书面作品的水平，在测查声母、韵母、声调读音标准程度的同时，重点测查连续音变、停连、语调以及流畅程度，是对应试人普通话运用能力的一种综合检测形式。

朗读短文从"附录：普通话水平测试用朗读作品"中选取。

第一节 | 朗读的要求

一、语音标准

语音标准是普通话水平测试朗读项的基本要求。在普通话水平测试"朗读短文"部分中，语音标准指的是要读准音节的声母、韵母、声调，同时音变要正确；尽可能避免出现声母或韵母系统性的语音缺陷。《普通话水平测试大纲》（以下简称《大纲》）规定以所读作品的前400个音节（不含标点符号和括注的音节）为限，每错一个音节扣0.1分；出现声母或韵母系统性的语音缺陷，视程度扣0.5分、1分。为了在测试中避免语音失误，提高测试成绩，在练习时应注意以下几个问题。

（一）避免出现增读、漏读等与文字材料不一致的情况

朗读属于将书面文字转换成有声语言的一种语言表述活动，通常以文字底稿为依据。朗读本质上是一种"念读"，一种应用型的朗声阅读。因此，普通话水平测试的朗读应该如实地遵循限定的文本材料。在朗读测试时如出现增读、漏读等情况，不管是否影响朗读材料的语义，每个音节扣0.1分。

（二）注意朗读短文语境中多音字、形声字、形近字的读音

多音字指字形相同、读音不同的字。多音字虽然有多个读音，表示不同的意义，但在具体的朗读语境中，它的意义是确定的，因此读音也是确定的。在实际朗读过程中，我们应该根据具体的语境意义来确定读音。例如：

去的尽管去了，来的尽管来着（jǐn，不念jìn）

行程九万里，历尽千辛万苦（jìn，不念jǐn）

雷达的工作原理与蝙蝠探路类似（sì，不念shì）

观众像触了电似的迅即对这位女英雄报以雷鸣般的掌声（shì，不念sì）

就连偶然从远处赶来歇脚的晚风，也悄无声息（qiǎo，不念qiāo）

太阳他有脚啊，轻轻悄悄地挪移了（qiāo，不念qiǎo）

准备迎接风雪载途的寒冬（zài，不念zǎi）

不作刻板的记载，而作想象的安排（zǎi，不念zài）

楼内房间大小一模一样（mú，不念mó）

连她握铅笔的姿势都急于模仿（mó，不念mú）

街上有挂着各种招牌的店铺、作坊、酒楼、茶馆（zuō，不念zuò）

在一篇作文的开头写下这么两句（zuò，不念zuō）

人类语言之所以能够"随机应变"（yìng，不念yīng）

在它沉默的劳动中，人便得到应得的收成。（yīng，不念yìng）

形声字是把表音、表意两部分合起来造成的汉字，表音的成分叫声旁，表意的成分叫形旁。形声字在汉字中所占比重较大。形声字的声旁可以帮助人们认读汉字，但是存在一定的局限，实际上形声字声旁的表音准确率并不高，我们不能完全依靠声旁来确定形声字的读音。在朗读测试时，遇到作品中的形声字要谨慎，不能盲目类推，只念半边，从而导致语音错误。例如：

最能体现大修难度的便是瓦作中"苦背"环节（shàn，不念zhàn）

高铁调度指挥中心监控终端的界面上就会出现一个红色的框将目标锁定（kuàng，不念kuāng）

这是一座建于明代、规模宏大的岭南著名古刹（chà，不念shà）

我怔住，抬头看书（zhèng，不念 zhēng）

游船、画舫在湖面慢慢地滑过（fǎng，不念 fāng）

慢慢地便现出王母池、斗母宫、经石峪（yù，不念 gǔ）

盛放蚕茧的篾席上，会留下一层薄片（miè，不念 mì）

正踟蹰的时候（chí，不念 zhí）

我觉得宇宙的广袤真实地摆在我的眼前（mào，不念 máo）

栖身洞穴，也要"燃松拾穗，走笔为记"（suì，不念 huì）

屋下俯瞰着一湾河水（kàn，不念 gǎn）

这就是被誉为"世界民居奇葩"的客家民居（pā，不念 bā）

形近字指结构相近的字。形近字的差别小，在朗读测试时由于情绪紧张或疏忽大意等原因，极易产生混淆。例如：

木匠画线用的是墨斗、画签、毛笔、方尺、杖竿、五尺（gān，不念"杆"gǎn）

我给孩子们上写作课，让孩子们描摹这秋天的风（mó，不念"慕"mù）

任凭夏季烈日曝晒（pù，不念"噪"bào）

中国北方的古代农作物，主要是一年生的粟和黍（sù，不念"栗"lì）

有的偃如老妪负水（yǎn，不念"堰"yàn）

从她婀娜的身段中，一粒一粒地滚下来（ē，不念"阿"ā）

在广袤无垠的沙漠中（yín，不念"根"gēn）

或者是重峦叠嶂（luán，不念"岚"lán）

胸中有丘壑（hè，不念"睿"ruì）

（三）异读词的读音要规范

异读词是指同一个词有多种读音。异读产生的原因很多，异读现象的存在不利于现代汉语语音的规范化。在朗读测试时，如果遇到异读词，要按照普通话审音委员会1985年12月27日公布的《普通话异读词审音表》审定的规范读音来念。

真正的奇迹出现在第四年上（jì，不念 jī）

在维护生态环境方面也是功劳卓著（zhuó，不念 zhuō）

就是近几年从中国移植来的"友谊之莲"（yì，不念 yí）

荷花朵朵已变为莲蓬累累（léi léi，不念 lěilěi）

风猛烈地吹打着林荫路上的白桦树（yīn，不念 yìn）

狗放慢脚步，蹑足潜行（qián，不念 qiǎn）

事与愿违（wéi，不念 wěi）

不但选择那些最适当的文字（dàng，不念 dāng）

（四）语流音变念读要正确

朗读时连续发出一连串的音节，称为"语流"。在语流中，音素和音素、音节和音节、声调和声调之间会相互影响，从而产生语音上的变化，这种现象就叫做音变。朗读测试时不仅要读好每个音节的声、韵、调，而且要注意语流音变的变化。普通话中的音变现象主要是指变调、轻声、儿化以及语气词"啊"的变读等。

第一件大事就是买杂拌儿（"杂拌儿"读作zábànr）

孩子们是多么善于观察这一点啊（实际读作na）

这时我同时还看了母亲针线笸箩里常放的那几本《聊斋志异》（pǒluo，不念pǒluó）

我踏着软绵绵的沙滩，沿着海边，慢慢向前走去（"软绵绵"实际读作ruǎn mian mian，"慢慢"实际读作"màn man"）

二、吐字清晰，自然流畅

朗读测试时，发音吐字不能含糊不清，出现"滑音"现象。这些情况将影响字音的准确程度，情况严重时，将被判为语音错误。为了提高朗读的质量，在朗读时应注意吐字归音的方法。吐字归音是传统说唱艺术对吐字方法的概括，简单地说，就是由"出字""立字""归音"三部分组成。"出字"是指字头（声母和介音）发音时要找准发音部位，蓄积气流，字音弹出有力度；"立字"是指韵腹的发音过程，韵腹的发音要响而长；"归音"是指对字尾（韵尾）的处理，要求干净利索，趋向明确，到位弱收。

在吐字归音清晰的基础上，还要注意语流的自然流畅程度。自然流畅就是读得连贯、顺畅、快慢适当，朗读测试时不能读破词语、句子，不能重复，也不能一字一拍、断断续续地读，停顿断句要符合语义。在测试时，如果出现朗读不流畅（包括回读）的现象，视程度扣0.5分、1分、2分。

三、把握基调，感情贴切

朗读测试虽然没有对感情基调因素提出单项的评分要求，但从朗读测试的总体评判来看，良好的朗读状态有助于应试人测试成绩的提高。因此，把握好作品的基调及感情色彩，也是非常重要的一环。

朗读基调来自作品的基调，朗读必须把握作品的基调。所谓作品的基调，是指作品的基本情调，即作品的总的态度、感情、色彩及分量。朗读材料的每一篇作品都是一个整体，是部分、层次、段落、语句中思想感情的综合表露，也就是具体情感的总和。把握好朗读基调，其实就是把握住作品的整体感。我们可以从分析作品的基本内容和中心思想入手，着重抓住作者的态度感情来概括提炼，一旦作品的基调确定了，朗读基调也就可以准确把握了。

普通话水平测试的朗读材料都经过精心挑选，每篇文章都蕴含着作者丰富的思想感情。所谓感情贴切到位，是指在掌握作品基调的前提下，对作品形成强烈的、完整的认同感，忠实地表现文章内在的思想感情。真挚贴切的感情是朗读者在朗读过程中自然流露的，并非通过外在手段强加表现的。

第二节 ｜ 朗读的语调

在普通话朗读时，除了每个音节原有的字调以外，整个句子里还有抑扬顿挫的调子。处理语句时，有的地方要有一个停顿，有的词要读得重一些，有的句子音高逐渐上扬，有的句子、段落语速要快一些，等等。这些现象跟句子的意思和朗读者的感情有密切的关系。语句中这种用来表达意思和感情的抑扬顿挫的调子，就叫语调。

语调是语气的外在表现形式。语调不同于字调，字调指单个字的调子，功用在于区别词义或语素义。语调贯穿于语句乃至篇章的始终，是由朗读时语气的色彩和感情的分量决定的。朗读时语气的变化多端，决定了语调的丰富多彩。

语调的内容比较复杂，一般来说，它主要包括停顿、重音、句调、快慢四个要素。

一、停顿

停顿是指词或语句之间声音上的间歇。从生理上说，停顿是被动的。一个人不可能一口气念完一个很长的句子，更不可能一口气读完一个段落，朗读者要调节气息，要使声带、唇舌等发音器官稍作休息。从心理上说，停顿是主动的。停顿是为了更好地表现作品内容、结构和作者的思想感情，由朗读者主观设定。适当的停顿还可以给听者以理解、思考、回味作品内容的时间。在朗读时，停顿只是声音的暂时休止，并非思想感情运动的中断。

在朗读测试时，要注意语流中声音的停顿和连接，非必要的停顿过多、过长，会导致语意支离破碎；或者必要的停顿过少、过短，会导致语意含糊不清，产生歧义。《大纲》规定，朗读中如出现停连不当现象，视程度扣0.5分、1分、2分。

朗读时的停顿，一般可以分为语法停顿和强调停顿。

（一）语法停顿

语法停顿是句子中一般的间歇，停顿的依据是标点符号。通过语法停顿可以反映句子之间、句子之中的语法关系。

停顿时间的长短一般是：顿号＜逗号＜分号（冒号）＜句号（问号、叹号、省略号）。例如：

小草偷偷地从土里钻出来，∧ 嫩嫩的，∧ 绿绿的。∧ 园子里，∧田野里，∧瞧去，∧一大片一大片满是的。∧坐着，∧躺着，∧打两个滚，∧踢几脚球，∧赛几趟跑，∧捉几回迷藏。∧风轻悄悄的，∧草软绵绵的。

（说明：符号"∧"表示停顿）

此语句的停顿长短基本遵循上述的停顿规律，语法关系反映得很清晰。

在没有标点的地方常常也有一些表示语法关系的停顿：较长的主语和谓语之间，动词和较长的宾语之间，较长的附加成分和中心语之间，较长的联合成分之间。例如：

深蓝色的天空里∧悬着无数半明半昧的星。

我掩着面叹息，但是新来的日子的影儿∧又开始在叹息中闪过了。

但蕴藏在"手艺"之上的那种对建筑本身的敬畏和热爱∧却需要从历史的长河中去寻觅。还有∧两株从斯里兰卡引种的、∧有两百多年树龄的菩提树。

因为他除了拥有现实的世界之外，还拥有∧另一个更为浩瀚∧也更为丰富的世界。

镇海古塔、∧中山亭、∧和观潮台∧屹立在江边。

（二）强调停顿

强调停顿是句子中特殊的停顿，是为了强调某个事物或突出某个语意、某种感情所用的停顿。这种停顿是由朗读者的意图和感情决定的，所以没有明确的规律。它可以跟语法停顿一致，也可以在语法停顿的基础上改变停顿时间的长短，还可以跟语法停顿不一致。例如：

人们从《论语》中∧学得智慧的思考，从《史记》中∧学得严肃的历史精神，从《正气歌》中∧学得人格的刚烈，从马克思∧学得人世的激情，从鲁迅∧学得批判精神，从托尔斯泰∧学得道德的执着。

我∧惊慌失措地发现，再也找不到∧要回家的那条孤寂的小道了。

她圆润的歌喉∧在夜空中颤动，听起来辽远∧而又切近，柔和∧而又铿锵。

二、重音

朗读时，对句子中某些词或词组从音量上加以突出的现象就是重音。重音能使听者准确地把握句子词语的主次关系，领会全句的意思；同时，还可以使听者对一些色彩鲜明、形象生动的词语产生深刻的印象。能否恰当地运用重音，关系到能否准确、生动地表现作品。

重音一般分为语法重音和强调重音。

（一）语法重音

语法重音是根据句子的语法结构确定的重音。它不带特别强调的色彩，音量只是稍稍加重，重音位置也比较固定。例如：

一般语句中的谓语：

黄色的琉璃瓦闪闪发光。／我们都呆了。

句中的宾语：

我爱月夜，但我也爱星天。／他就是梅兰芳同志。

名词前的定语：

过了寒翠桥，就听到淙淙的泉声。／她正在注视着护士额头上密密的汗珠。

动词或形容词前面的状语：

太阳他有脚啊，轻轻悄悄地挪移了。／可怜分分地平卧在水面上，像水浮莲的叶子一样。

动词后面的补语：

别看画上的人小，每个人在干什么，都能看得清清楚楚。／我听得津津有味。

（说明：符号"·"表示重音）

（二）强调重音

强调重音是为了有意突出语意重点，表达特殊思想感情而把句子里的某些词语、短语说得较重的语音现象，也称为逻辑重音。强调重音在句子中的出现是没有规律的，完全由朗读者根据自己的意图和感情来确定。强调重音落在不同的词语上，表达的语意也随之发生变化。例如：

① 我非常喜欢周杰伦的歌。（表示不是喜欢他的其他东西）

② 我非常喜欢周杰伦的歌。（突出喜欢的对象）

③ 我非常喜欢周杰伦的歌。（表明喜欢的程度）

④ 我非常喜欢周杰伦的歌。（突出强调喜欢的主体对象）

强调重音不一定每句话都有，表示并列、对比、呼应、比喻等内容的词语往往采用重音。表达重音最常用的方式除了加强音量外，还可以采用轻读、慢读、顿读、虚声、拖音等方式。例如：

孩子们欢喜，大人们也忙乱。

在这幽美的夜色中，我踏着软绵绵的沙滩，沿着海边，慢慢地向前走去。海水，轻轻地抚摸着细软的沙滩，发出温柔的唰唰声。

火车是故乡，火车也是远方。

中国的莲花开在日本，日本的樱花开在中国。

三、句调

句调是指语句声音的高低变化。句子的升降是贯穿整个句子的，只是在句末音节（指句尾最后一个非轻声音节）上表现得特别明显。升降最能表达朗读者的态度情感，同一句话，升降不同，所表达的态度情感甚至意义都有所不同。

句调大致可以分为四种类型：

（一）高升调

语句前低后高，语气上扬。一般用于表现感情激昂的语句和设问、反问句。

为什么这个地带会成为华夏文明最先进的地区？

即使真老了又怎么样，不是有句话叫老当益壮吗？

（二）降抑调

前高后低，语气渐低。一般用于表现肯定、许可、感叹、祝愿等语气的句子。

听了母亲的话，我的心里充满了温暖与幸福。

在它看来，狗该是多么庞大的怪物啊！

（三）平直调

语气平缓，起伏不大。一般用于叙述性的语句以及表达平淡或庄重的感情。

舞台上的幕布拉开了，音乐奏起来了。

对于中国的牛，我有着一种特别尊敬的感情。

（四）曲折调

语调曲折有变化，有时先升后降，有时降低再升。一般用于表现惊疑、夸张、嘲讽等语气。

怎么不珍惜呀？我每走一步，都想半天。

那还用得着问吗，朋友们缅怀过去，正是瞩望未来。

四、快慢

快慢就是节奏、速度，是指朗读时每个音节的长短和音节之间的紧松。朗读的快慢，是由作品本身所传达出的感情强度所决定的。一般来说，表达紧张、热烈、欢快、激动、愤怒、惊慌的情绪时，朗读的语速快一些；表达沉痛、庄重、失望、犹豫的情绪或幽静、凄凉的环境时，朗读的语速要慢一些。语速的具体形式有三种，即快速、中速、慢速。

（中速）那条白线很快地向我们移来，逐渐拉长，变粗，横贯江面。（稍快）再近些，只见白浪翻滚，形成一堵两丈多高的水墙。（更快）浪潮越来越近，犹如千万匹白色战马齐头并进，浩浩荡荡飞奔而来；（慢速）那声音如同山崩地裂，好像大地都被震得颤动起来。

朗读时的快慢是相对而言的。在普通话水平测试中朗读短文限时4分钟，超时扣1分。我们在练习时把握要得当，尽可能做到快而不乱，吐字清晰；慢而不拖，不松懈沉闷。如果快慢有致，长短适度，那么就能更好地表情达意。

附录

普通话水平测试用朗读作品

说明：

1.朗读作品共50篇，供普通话水平测试第三项——朗读短文测试使用。为适应测试需要，必要时对原作品做了部分更改。

2.为了便于读者学习使用，朗读作品在排版时统一采用对开式设计，左面为作品原文，右面为该作品对应的语音提示、朗读提示和拓展阅读二维码。

3.印在书上的部分，每篇作品仅呈现汉字文本，文后附语音提示和朗读提示；通过扫二维码拓展阅读的部分，每篇作品采用汉字上方注音对照的方式编排。

4.每篇作品在第400个音节后用"//"标注。

5.为适应朗读的需要，作品中的数字一律采用汉字的书写方式书写，如："2000年"，写作"二〇〇〇年"；"50%"，写作"百分之五十"。

6.加注的汉语拼音原则上依据《汉语拼音正词法基本规则》拼写。

7.注音一般只标本调，不标变调。

8.作品中的必读轻声音节，拼音不标调号。一般轻读，间或重读的音节，拼音加注调号，并在拼音前加圆点提示，如："因为"，拼音写作"yīn·wèi"。

9.作品中的儿化音节分两种情况。一是书面上加"儿"，拼音时在基本形式后加r，如："小孩儿"，拼音写作"xiǎoháir"；二是书面上没有加"儿"，但口语里一般儿化的音节，拼音时也在基本形式后加r，如："辣味"，拼音写作"làwèir"。

篇目索引：

作品1号

照北京的老规矩，春节差不多在腊月的初旬就开始了。"腊七腊八，冻死寒鸦"，这是一年里最冷的时候。在腊八这天，家家都熬腊八粥。粥是用各种米，各种豆，与各种干果熬成的。这不是粥，而是小型的农业展览会。

除此之外，这一天还要泡腊八蒜。把蒜瓣放进醋里，封起来，为过年吃饺子用。到年底，蒜泡得色如翡翠，醋也有了些辣味，色味双美，使人忍不住要多吃几个饺子。在北京，过年时，家家吃饺子。

孩子们准备过年，第一件大事就是买杂拌儿。这是用花生、胶枣、榛子、栗子等干果与蜜饯掺和成的。孩子们喜欢吃这些零七八碎儿。第二件大事是买爆竹，特别是男孩子们。恐怕第三件事才是买各种玩意儿——风筝、空竹、口琴等。

孩子们欢喜，大人们也忙乱。他们必须预备过年吃的、喝的、穿的、用的，好在新年时显出万象更新的气象。

腊月二十三过小年，差不多就是过春节的"彩排"。天一擦黑儿，鞭炮响起来，便有了过年的味道。这一天，是要吃糖的，街上早有好多卖麦芽糖与江米糖的，糖形或为长方块或为瓜形，又甜又黏，小孩子们最喜欢。

过了二十三，大家更忙。必须大扫除一次，还要把肉、鸡、鱼、青菜、年糕什么的都预备充足——店//铺多数正月初一到初五关门，到正月初六才开张。

节选自老舍《北京的春节》

))) 语音提示

❶ 规矩　guīju

❷ 最冷　zuìlěng

❸ 封起来　fēng qǐ·lái

❹ 杂拌儿　zábànr

❺ 零七八碎儿　língqī–bāsuìr

❻ 玩意儿　wányìr

❼ 擦黑儿　cāhēir

❽ 更忙　gèng máng

朗读提示

　　《北京的春节》是老舍先生的散文名篇。全文用朴实无华的语言，描绘了老北京春节的祥和隆重之象，展现了中华传统节日的温馨美好，表达了作者对新生活、新社会的由衷赞美与喜爱之情。文章基调平实，节奏明快，语气轻快活泼、欢乐祥和，富于浓郁的生活气息，凸显过年忙忙碌碌的热闹氛围。

拓展阅读

作品1号拼音对照版

作品2号

盼望着，盼望着，东风来了，春天的脚步近了。

一切都像刚睡醒的样子，欣欣然张开了眼。山朗润起来了，水涨起来了，太阳的脸红起来了。

小草偷偷地从土里钻出来，嫩嫩的，绿绿的。园子里，田野里，瞧去，一大片一大片满是的。坐着，躺着，打两个滚，踢几脚球，赛几趟跑，捉几回迷藏。风轻悄悄的，草软绵绵的。

……

"吹面不寒杨柳风"，不错的，像母亲的手抚摸着你。风里带来些新翻的泥土的气息，混着青草味儿，还有各种花的香，都在微微湿润的空气里酝酿。鸟儿将巢安在繁花绿叶当中，高兴起来了，呼朋引伴地卖弄清脆的喉咙，唱出宛转的曲子，跟轻风流水应和着。牛背上牧童的短笛，这时候也成天嘹亮地响着。

雨是最寻常的，一下就是三两天。可别恼。看，像牛毛，像花针，像细丝，密密地斜织着，人家屋顶上全笼着一层薄烟。树叶儿却绿得发亮，小草儿也青得逼你的眼。傍晚时候，上灯了，一点点黄晕的光，烘托出一片安静而和平的夜。在乡下，小路上，石桥边，有撑起伞慢慢走着的人，地里还有工作的农民，披着蓑戴着笠。他们的房屋，稀稀疏疏的，在雨里静默着。

天上风筝渐渐多了，地上孩子也多了。城里乡下，家家户户，老老小小，//也赶趟儿似的，一个个都出来了。舒活舒活筋骨，抖擞抖擞精神，各做各的一份儿事去。"一年之计在于春"，刚起头儿，有的是工夫，有的是希望。

春天像刚落地的娃娃，从头到脚都是新的，它生长着。

春天像小姑娘，花枝招展的，笑着，走着。

春天像健壮的青年，有铁一般的胳膊和腰脚，领着我们上前去。

节选自朱自清《春》

🔊 语音提示

❶ 睡醒　shuìxǐng
❷ 朗润　lǎngrùn
❸ 涨起来　zhǎngqǐ·lái
❹ 瞧去　qiáo·qù
❺ 打两个滚　dǎliǎnggègǔnr
❻ 踢几脚球　tījǐjiǎoqiúr
❼ 轻悄悄　qīngqiāoqiāo
❽ 软绵绵　ruǎnmiánmián
❾ 青草味儿　qīngcǎowèir
❿ 应和　yìnghè
⓫ 薄烟　bóyān
⓬ 树叶儿　shùyèr
⓭ 小草儿　xiǎocǎor
⓮ 黄晕　huángyùn

🎙 朗读提示

　　本文是朱自清先生的散文名篇。文章按照"盼春—绘春—迎春—赞春"之序，从盼望春天的急切心情和迎接春天到来的欢欣出发，对春天里各种生意盎然的景物进行了细腻的描绘，生动形象地表达了作者热爱生活、向往自由、期待未来、追求光明的伟大情怀以及对革命前途的殷殷期待。朗读时，全文以中速为主，音高较高，语调上升，语气欢欣，节奏明快，洋溢着春之喜悦，春之欢欣，春之鼓舞，展现出春天的无限动感与勃勃生机，如同引吭高唱一曲春的赞歌，给人力量，催人奋进。

📑 拓展阅读

作品2号拼音对照版

📄 作品3号

　　燕子去了，有再来的时候；杨柳枯了，有再青的时候；桃花谢了，有再开的时候。但是，聪明的，你告诉我，我们的日子为什么一去不复返呢？——是有人偷了他们罢：那是谁？又藏在何处呢？是他们自己逃走了罢：现在又到了哪里呢？

　　去的尽管去了，来的尽管来着；去来的中间，又怎样地匆匆呢？早上我起来的时候，小屋里射进两三方斜斜的太阳。太阳他有脚啊，轻轻悄悄地挪移了；我也茫茫然跟着旋转。于是——洗手的时候，日子从水盆里过去；吃饭的时候，日子从饭碗里过去；默默时，便从凝然的双眼前过去。我觉察他去的匆匆了，伸出手遮挽时，他又从遮挽着的手边过去；天黑时，我躺在床上，他便伶伶俐俐地从我身上跨过，从我脚边飞去了。等我睁开眼和太阳再见，这算又溜走了一日。我掩着面叹息，但是新来的日子的影儿又开始在叹息里闪过了。

　　在逃去如飞的日子里，在千门万户的世界里的我能做些什么呢？只有徘徊罢了，只有匆匆罢了；在八千多日的匆匆里，除徘徊外，又剩些什么呢？过去的日子如轻烟，被微风吹散了，如薄雾，被初阳蒸融了；我留着些什么痕迹呢？我何曾留着像游丝样的痕迹呢？我赤裸裸//来到这世界，转眼间也将赤裸裸的回去罢？但不能平的，为什么偏白白走这一遭啊？

　　你聪明的，告诉我，我们的日子为什么一去不复返呢？

节选自朱自清《匆匆》

语音提示

❶ 聪明　cōng·míng

❷ 尽管　jǐnguǎn

❸ 有脚啊　yǒujiǎoua

❹ 旋转　xuánzhuǎn

❺ 凝然　níngrán

❻ 遮挽　zhēwǎn

❼ 影儿　yǐngr

❽ 轻烟　qīngyān

❾ 蒸融　zhēngróng

朗读提示

　　本文是朱自清先生的散文名篇。本文通过精巧的比喻、清晰的层次、清新隽永的文字、情景交融的手法，表达了作者对时光飞逝的无奈和惋惜之情。文笔清雅，淳朴简练，结构精巧，条理清晰，起承转合，首尾呼应，蕴含哲理，发人深省。朗读时，音高居中，语调多变，层层递进，语带困惑，问句语调上扬，音高依次提升，体现出对时光飞逝的不断追索与深深的无奈之情。

拓展阅读

作品3号拼音对照版

作品4号

有的人在工作、学习中缺乏耐性和韧性，他们一旦碰了钉子，走了弯路，就开始怀疑自己是否有研究才能。其实，我可以告诉大家，许多有名的科学家和作家，都是经过很多次失败，走过很多弯路才成功的。有人看见一个作家写出一本好小说，或者看见一个科学家发表几篇有分量的论文，便仰慕不已，很想自己能够信手拈来，妙手成章，一觉醒来，誉满天下。其实，成功的作品和论文只不过是作家、学者们整个创作和研究中的极小部分，甚至数量上还不及失败作品的十分之一。大家看到的只是他们成功的作品，而失败的作品是不会公开发表出来的。

要知道，一个科学家在攻克科学堡垒的长征中，失败的次数和经验，远比成功的经验要丰富、深刻得多。失败虽然不是什么令人快乐的事情，但也决不应该因此气馁。在进行研究时，研究方向不正确，走了些岔路，白费了许多精力，这也是常有的事。但不要紧，可以再调换方向进行研究。更重要的是要善于吸取失败的教训，总结已有的经验，再继续前进。

根据我自己的体会，所谓天才，就是坚持不断的努力。有些人也许觉得我在数学方面有什么天分，//其实从我身上是找不到这种天分的。我读小学时，因为成绩不好，没有拿到毕业证书，只拿到一张修业证书。初中一年级时，我的数学也是经过补考才及格的。但是说来奇怪，从初中二年级以后，我就发生了一个根本转变，因为我认识到既然我的资质差些，就应该多用点儿时间来学习。别人学一小时，我就学两小时，这样，我的数学成绩得以不断提高。

一直到现在我也贯彻这个原则：别人看一篇东西要三小时，我就花三个半小时。经过长期积累，就多少可以看出成绩来。并且在基本技巧烂熟之后，往往能够一个钟头就看懂一篇人家看十天半月也解不透的文章。所以，前一段时间的加倍努力，在后一段时间能收到预想不到的效果。

是的，聪明在于学习，天才在于积累。

节选自华罗庚《聪明在于学习，天才在于积累》

🔊 语音提示

❶ 耐性　nàixìng

❷ 韧性　rènxìng

❸ 分量　fènliàng

❹ 仰慕　yǎngmù

❺ 信手拈来　xìnshǒuniānlái

❻ 气馁　qìněi

🎙 朗读提示

　　本文是中国著名数学家华罗庚先生结合自身的经历和经验，总结出的可供青少年借鉴的读书学习的好方法。摆事实，讲道理，语言平易，感情真挚，发自内心，如一位长者在与自己的后辈亲切交谈，毫无矫揉造作之感。朗读的时候，音高居中，语调自然，语速稍快，娓娓道来即可。"所谓天才，就是坚持不断的努力"是全文的点睛之笔，语速放慢，语调下沉，"天才"与"坚持不断"可加逻辑重音加以重点突出与强调。

📖 拓展阅读

作品4号拼音对照版

作品5号

去过故宫大修现场的人，就会发现这里和外面工地的劳作景象有个明显的区别：这里没有起重机，建筑材料都是以手推车的形式送往工地，遇到人力无法运送的木料时，工人们会使用百年不变的工具——滑轮组。故宫修缮，尊重着"四原"原则，即原材料、原工艺、原结构、原型制。在不影响体现传统工艺技术手法特点的地方，工匠可以用电动工具，比如开荒料、截头。大多数时候工匠都用传统工具：木匠画线用的是墨斗、画签、毛笔、方尺、杖竿、五尺；加工制作木构件使用的工具有锛、凿、斧、锯、刨等等。

最能体现大修难度的便是瓦作中"苫背"的环节。"苫背"是指在房顶做灰背的过程，它相当于为木建筑添上防水层。有句口诀是三浆三压，也就是上三遍石灰浆，然后再压上三遍。但这是个虚数。今天是晴天，干得快，三浆三压硬度就能符合要求，要是赶上阴天，说不定就要六浆六压。任何一个环节的疏漏都可能导致漏雨，而这对建筑的损坏是致命的。

"工"字早在殷墟甲骨卜辞中就已经出现过。《周官》与《春秋左传》记载周王朝与诸侯都设有掌管营造的机构。无数的名工巧匠为我们留下了那么多宏伟的建筑，但却//很少被列入史籍，扬名于后世。

匠人之所以称之为"匠"，其实不仅仅是因为他们拥有了某种娴熟的技能，毕竟技能还可以通过时间的累积"熟能生巧"，但蕴藏在"手艺"之上的那种对建筑本身的敬畏和热爱却需要从历史的长河中去寻觅。

将壮丽的紫禁城完好地交给未来，最能仰仗的便是这些默默奉献的匠人。故宫的修护注定是一场没有终点的接力，而他们就是最好的接力者。

节选自单霁翔《大匠无名》

🔊 语音提示

❶ 修缮　xiūshàn

❷ 截头　jiétóu

❸ 杖竿　zhànggān

❹ 锛　bēn

❺ 刨　bào

❻ 苫背　shànbèi

❼ 三浆三压　sānjiāngsānyā

❽ 致命　zhìmìng

❾ 卜辞　bǔcí

❿ 营造　yíngzào

🎤 朗读提示

　　本文节选自《大匠无名》，是原故宫博物院院长单霁翔2016年5月12日发表在人民日报上的一篇散文。选文通过对故宫大修现场所用工艺和特殊环节的说明和描写，赞美了能工巧匠精妙绝伦的工艺以及对建筑本身的敬畏和热爱之情。语言通俗，层次清晰，描写细致，表述谨严。朗读的时候，音高适中，语气平稳，语调客观，不疾不徐，中速即可，借以凸显传统工艺之扎实谨严、严肃认真。

📖 拓展阅读

作品5号拼音对照版

作品6号

立春过后，大地渐渐从沉睡中苏醒过来。冰雪融化，草木萌发，各种花次第开放。再过两个月，燕子翩然归来。不久，布谷鸟也来了。于是转入炎热的夏季，这是植物孕育果实的时期。到了秋天，果实成熟，植物的叶子渐渐变黄，在秋风中簌簌地落下来。北雁南飞，活跃在田间草际的昆虫也都销声匿迹。到处呈现一片衰草连天的景象，准备迎接风雪载途的寒冬。在地球上温带和亚热带区域里，年年如是，周而复始。

几千年来，劳动人民注意了草木荣枯、候鸟去来等自然现象同气候的关系，据以安排农事。杏花开了，就好像大自然在传语要赶快耕地；桃花开了，又好像在暗示要赶快种谷子。布谷鸟开始唱歌，劳动人民懂得它在唱什么："阿公阿婆，割麦插禾。"这样看来，花香鸟语，草长莺飞，都是大自然的语言。

这些自然现象，我国古代劳动人民称它为物候。物候知识在我国起源很早。古代流传下来的许多农谚就包含了丰富的物候知识。到了近代，利用物候知识来研究农业生产，已经发展为一门科学，就是物候学。物候学记录植物的生长荣枯，动物的养育往来，如桃花开、燕子来等自然现象，从而了解随着时节//推移的气候变化和这种变化对动植物的影响。

节选自竺可桢《大自然的语言》

))) 语音提示

❶ 草木萌发　cǎomùméngfā

❷ 簌簌　sùsù

❸ 销声匿迹　xiāoshēng–nìjì

❹ 衰草连天　shuāicǎo–liántiān

❺ 风雪载途　fēngxuě–zàitú

❻ 气候　qìhòu

❼ 耕地　gēngdì

❽ 草长莺飞　cǎozhǎng–yīngfēi

❾ 物候　wùhòu

❿ 生长荣枯　shēngzhǎng–róngkū

朗读提示

　　本文是一篇科学小品文，是"大家小书"的经典之作。中国著名气象学家竺可桢先生将引人入胜的笔法与生动优美的语言巧妙结合，通过对一年四季自然现象变化的描绘以及其与农业生产关系的说明，将物候学的研究内容进行明确的界定与清晰的说明。描写富于动感，鲜活有趣；说明简短有力，不落俗套。朗读时音高较高，语速稍快，语调下行，语气严谨，如纪录片一样将四季变换淋漓尽致加以展现，将自然之变与农业生产紧密结合起来，理性客观地将物候学的研究内容说明清楚即可。

拓展阅读

作品6号拼音对照版

作品7号

当高速列车从眼前呼啸而过时，那种转瞬即逝的感觉让人们不得不发问：高速列车跑得那么快，司机能看清路吗？

高速列车的速度非常快，最低时速标准是二百公里。且不说能见度低的雾霾天，就是晴空万里的大白天，即使是视力好的司机，也不能保证正确识别地面的信号。当肉眼看到前面有障碍时，已经来不及反应。

专家告诉我，目前，我国时速三百公里以上的高铁线路不设置信号机，高速列车不用看信号行车，而是通过列控系统自动识别前进方向。其工作流程为，由铁路专用的全球数字移动通信系统来实现数据传输，控制中心实时接收无线电波信号，由计算机自动排列出每趟列车的最佳运行速度和最小行车间隔距离，实现实时追踪控制，确保高速列车间隔合理地安全运行。当然，时速二百至二百五十公里的高铁线路，仍然设置信号灯控制装置，由传统的轨道电路进行信号传输。

中国自古就有"千里眼"的传说，今日高铁让古人的传说成为现实。

所谓"千里眼"，即高铁沿线的摄像头，几毫米见方的石子儿也逃不过它的法眼。通过摄像头实时采集沿线高速列车运行的信息，一旦//出现故障或者异物侵限，高铁调度指挥中心监控终端的界面上就会出现一个红色的框将目标锁定，同时，监控系统马上报警显示。调度指挥中心会迅速把指令传递给高速列车司机。

节选自王雄《当今"千里眼"》

))) 语音提示

❶ 呼啸　hūxiào

❷ 转瞬即逝　zhuǎnshùn-jíshì

❸ 看清　kànqīng

❹ 雾霾天　wùmáitiān

❺ 行车　xíngchē

❻ 石子儿　shízǐr

🎤 朗读提示

　　本文是一篇科技说明文。语言朴实，表述严谨，结构明晰，说理透彻。朗读时，除了第一段的设问句语调上升、语速加快、凸显疑问之外，全篇语调平实，保持中速，严谨客观地加以说明即可。

📖 拓展阅读

作品7号拼音对照版

作品8号

从肇庆市驱车半小时左右，便到了东郊风景名胜鼎湖山。下了几天的小雨刚停，满山笼罩着轻纱似的薄雾。

过了寒翠桥，就听到淙淙的泉声。进山一看，草丛石缝，到处都涌流着清亮的泉水。草丰林茂，一路上泉水时隐时现，泉声不绝于耳。有时几股泉水交错流泻，遮断路面，我们得寻找着垫脚的石块跳跃着前进。愈往上走树愈密，绿阴愈浓。湿漉漉的绿叶，犹如大海的波浪，一层一层涌向山顶。泉水隐到了浓阴的深处，而泉声却更加清纯悦耳。忽然，云中传来钟声，顿时山鸣谷应，悠悠扬扬。安详厚重的钟声和欢快活泼的泉声，在雨后宁静的暮色中，汇成一片美妙的音响。

我们循着钟声，来到了半山腰的庆云寺。这是一座建于明代、规模宏大的岭南著名古刹。庭院里繁花似锦，古树参天。有一株与古刹同龄的茶花，还有两株从斯里兰卡引种的、有二百多年树龄的菩提树。我们决定就在这座寺院里借宿。

入夜，山中万籁俱寂，只有泉声一直传送到枕边。一路上听到的各种泉声，这时候躺在床上，可以用心细细地聆听、辨识、品味。那像小提琴一样轻柔的，是草丛中流淌的小溪的声音；那像琵琶一样清脆的，//是在石缝间跌落的涧水的声音；那像大提琴一样厚重回响的，是无数道细流汇聚于空谷的声音；那像铜管齐鸣一样雄浑磅礴的，是飞瀑急流跌入深潭的声音。还有一些泉声忽高忽低，忽急忽缓，忽清忽浊，忽扬忽抑，是泉水正在绕过树根，拍打卵石，穿越草丛，流连花间……

蒙眬中，那滋润着鼎湖山万木，孕育出蓬勃生机的清泉，仿佛汩汩地流进了我的心田。

节选自谢大光《鼎湖山听泉》

))) 语音提示

❶ 肇庆　zhàoqìng

❷ 鼎湖山　dǐnghúshān

❸ 似的　shìde

❹ 淙淙　cóngcóng

❺ 得寻找　děi xúnzhǎo

❻ 古刹　gǔchà

❼ 繁花似锦　fánhuā-sìjǐn

❽ 引种　yǐnzhòng

❾ 万籁俱寂　wànlài-jùjì

❿ 琵琶　pí·pá

🎤 朗读提示

　　本文选自著名散文家谢大光先生1982年12月24日发表于《人民日报》的一篇优美的写景散文《鼎湖山听泉》。文章以游览顺序为线索，将作者去广东肇庆鼎湖山游览时，白日和夜晚所听到的泉声用生动形象的语言与不落窠臼的修辞手法细细加以描绘，表达了对祖国大好河山的无比热爱和赞美之情。"听泉"是文章的题眼。"听泉"不是"看泉"，朗读时的语气、语调、语速都要与泉声之美一一相应，并要随之有所变化，不可一概而论、千篇一律。

📖 拓展阅读

作品8号拼音对照版

作品9号

　　我常想读书人是世间幸福人，因为他除了拥有现实的世界之外，还拥有另一个更为浩瀚也更为丰富的世界。现实的世界是人人都有的，而后一个世界却为读书人所独有。由此我想，那些失去或不能阅读的人是多么的不幸，他们的丧失是不可补偿的。世间有诸多的不平等，财富的不平等，权力的不平等，而阅读能力的拥有或丧失却体现为精神的不平等。

　　一个人的一生，只能经历自己拥有的那一份欣悦，那一份苦难，也许再加上他亲自闻知的那一些关于自身以外的经历和经验。然而，人们通过阅读，却能进入不同时空的诸多他人的世界。这样，具有阅读能力的人，无形间获得了超越有限生命的无限可能性。阅读不仅使他多识了草木虫鱼之名，而且可以上溯远古下及未来，饱览存在的与非存在的奇风异俗。

　　更为重要的是，读书加惠于人们的不仅是知识的增广，而且还在于精神的感化与陶冶。人们从读书学做人，从那些往哲先贤以及当代才俊的著述中学得他们的人格。人们从《论语》中学得智慧的思考，从《史记》中学得严肃的历史精神，从《正气歌》中学得人格的刚烈，从马克思学得人世//的激情，从鲁迅学得批判精神，从托尔斯泰学得道德的执着。歌德的诗句刻写着睿智的人生，拜伦的诗句呼唤着奋斗的热情。一个读书人，一个有机会拥有超乎个人生命体验的幸运人。

节选自谢冕《读书人是幸福人》

))) 语音提示

❶ 幸福　xìngfú

❷ 更为丰富　gèngwéifēngfù

❸ 为读书人所独有　wéi dúshūrén suǒ dúyǒu

❹ 诸多　zhūduō

❺ 平等　píngděng

❻ 可能性　kěnéngxìng

❼ 上溯远古　shàngsù-yuǎngǔ

❽ 奇风异俗　qífēngyìsú

❾ 增广　zēngguǎng

❿ 学得　xuédé

🎤 朗读提示

　　本文是文艺评论家、诗人谢冕创作的一篇饱含哲思的说理散文。作者通过现实世界与读书人所独有的理想世界的对比，凸显"读书人是世间幸福人"这一主题。文章观点鲜明，有理有据，说理透彻，文辞华美。朗读时，应气息饱满，语音清晰，语气坚定，重点突出，框架明晰，说理有力。全篇采用对比的手法，重点词语应该突出强调。最后的几个排比句语气加强，语速加快，语势层层推进，一气呵成，达到全文坚定论理之高潮。

🔖 拓展阅读

作品9号拼音对照版

📄 作品10号

　　我爱月夜，但我也爱星天。从前在家乡七八月的夜晚在庭院里纳凉的时候，我最爱看天上密密麻麻的繁星。望着星天，我就会忘记一切，仿佛回到了母亲的怀里似的。

　　三年前在南京我住的地方有一道后门，每晚我打开后门，便看见一个静寂的夜。下面是一片菜园，上面是星群密布的蓝天。星光在我们的肉眼里虽然微小，然而它使我们觉得光明无处不在。那时候我正在读一些天文学的书，也认得一些星星，好像它们就是我的朋友，它们常常在和我谈话一样。

　　如今在海上，每晚和繁星相对，我把它们认得很熟了。我躺在舱面上，仰望天空。深蓝色的天空里悬着无数半明半昧的星。船在动，星也在动，它们是这样低，真是摇摇欲坠呢！渐渐地我的眼睛模糊了，我好像看见无数萤火虫在我的周围飞舞。海上的夜是柔和的，是静寂的，是梦幻的。我望着许多认识的星，我仿佛看见它们在对我眨眼，我仿佛听见它们在小声说话。这时我忘记了一切。在星的怀抱中我微笑着，我沉睡着。我觉得自己是一个小孩子，现在睡在母亲的怀里了。

　　有一夜，那个在哥伦波上船的英国人指给我看天上的巨人。他用手指着：//那四颗明亮的星是头，下面的几颗是身子，这几颗是手，那几颗是腿和脚，还有三颗星算是腰带。经他这一番指点，我果然看清楚了那个天上的巨人。看，那个巨人还在跑呢！

节选自巴金《繁星》

语音提示

❶ 繁星　fánxīng

❷ 似的　shìde

❸ 地方　dìfang

❹ 静寂　jìngjì

❺ 朋友　péngyou

❻ 很熟　hěnshú

❼ 半明半昧　bànmíng-bànmèi

❽ 摇摇欲坠　yáoyáo-yùzhuì

❾ 模糊　móhu

❿ 萤火虫　yínghuǒchóng

朗读提示

　　本文是中国现代文学家巴金于1927年1月创作的一篇抒情散文。文章通过对家乡、南京、海上的不同星空的细致描绘，表达了对美好人生的无限向往和追求，同时也弥漫着对童年、家乡和母亲的淡淡思念与依恋之情。语言清新隽永，情景深邃动人，感情轻柔真挚，如一首小令，润泽读者的心灵。朗读的时候，要保持平缓、温柔、淡雅的情感基调。保持中速，音高居中，语气轻柔，用略显深沉的语调着力塑造一个柔甜静谧的星空世界。

拓展阅读

作品10号拼音对照版

作品11号

钱塘江大潮，自古以来被称为天下奇观。

农历八月十八是一年一度的观潮日。这一天早上，我们来到了海宁市的盐官镇，据说这里是观潮最好的地方。我们随着观潮的人群，登上了海塘大堤。宽阔的钱塘江横卧在眼前。江面很平静，越往东越宽，在雨后的阳光下，笼罩着一层蒙蒙的薄雾。镇海古塔、中山亭和观潮台屹立在江边。远处，几座小山在云雾中若隐若现。江潮还没有来，海塘大堤上早已人山人海。大家昂首东望，等着，盼着。

午后一点左右，从远处传来隆隆的响声，好像闷雷滚动。顿时人声鼎沸，有人告诉我们，潮来了！我们踮着脚往东望去，江面还是风平浪静，看不出有什么变化。过了一会儿，响声越来越大，只见东边水天相接的地方出现了一条白线，人群又沸腾起来。

那条白线很快地向我们移来，逐渐拉长，变粗，横贯江面。再近些，只见白浪翻滚，形成一堵两丈多高的水墙。浪潮越来越近，犹如千万匹白色战马齐头并进，浩浩荡荡地飞奔而来；那声音如同山崩地裂，好像大地都被震得颤动起来。

霎时，潮头奔腾西去，可是余波还在漫天卷地般涌来，江面上依旧风号浪吼。过了好久，钱塘江才恢复了 // 平静。看看堤下，江水已经涨了两丈来高了。

节选自赵宗成、朱明元《观潮》

⑴ 语音提示

❶ 地方　dìfang

❷ 横卧　héngwò

❸ 平静　píngjìng

❹ 蒙蒙　méngméng

❺ 闷雷滚动　mènléigǔndòng

❻ 人声鼎沸　rénshēngdǐngfèi

❼ 风平浪静　fēngpíng-làngjìng

❽ 横贯江面　héngguàn jiāngmiàn

❾ 齐头并进　qítóu-bìngjìn

❿ 山崩地裂　shānbēng-dìliè

⓫ 霎时　shàshí

⓬ 风号浪吼　fēngháo-lànghǒu

朗读提示

　　本文节选自赵宗成、朱明元创作的广播稿《喜看今日钱塘潮》。文章以时间为序，使用比喻、拟人、夸张等多种修辞手法，对钱塘江大潮来之前、来之时、来之后的壮美景色进行了细致的描摹与生动的记叙，表达了对祖国大好河山的无限热爱与由衷赞美之情。题为"观潮"，朗读的时候，气息饱满，音高稍高，语速较快，语调上升，语气热烈，凸显钱塘江大潮的雄浑气势。

拓展阅读

作品11号拼音对照版

📄 作品12号

　　我和几个孩子站在一片园子里，感受秋天的风。园子里长着几棵高大的梧桐树，我们的脚底下，铺了一层厚厚的梧桐叶。叶枯黄，脚踩在上面，嘎吱嘎吱脆响。风还在一个劲儿地刮，吹打着树上可怜的几片叶子，那上面，就快成光秃秃的了。

　　我给孩子们上写作课，让孩子们描摹这秋天的风。以为他们一定会说寒冷、残酷和荒凉之类的，结果却出乎我的意料。

　　一个孩子说，秋天的风，像把大剪刀，它剪呀剪的，就把树上的叶子全剪光了。

　　我赞许了这个比喻。有二月春风似剪刀之说，秋天的风，何尝不是一把剪刀呢？只不过，它剪出来的不是花红叶绿，而是败柳残荷。

　　剪完了，它让阳光来住，这个孩子突然接着说一句。他仰向我的小脸，被风吹着，像只通红的小苹果。我怔住，抬头看树，那上面，果真的，爬满阳光啊，每根枝条上都是。失与得，从来都是如此均衡，树在失去叶子的同时，却承接了满树的阳光。

　　一个孩子说，秋天的风，像个魔术师，它会变出好多好吃的，菱角呀，花生呀，苹果呀，葡萄呀。还有桂花，可以做桂花糕。我昨天吃了桂花糕，妈妈说，是风变出来的。

　　我笑了。小可爱，经你这么一说，秋天的风，还真是香的。我和孩//子们一起嗅，似乎就闻见了风的味道，像块蒸得热气腾腾的桂花糕。

　　　　　　　　　　　　　　　　　　　　　　节选自丁立梅《孩子和秋风》

))) 语音提示

❶ 一层　yīcéng

❷ 嘎吱嘎吱　gāzhī-gāzhī

❸ 描摹　miáomó

❹ 比喻　bǐyù

❺ 败柳残荷　bàiliǔ-cánhé

❻ 怔住　zhèngzhù

❼ 阳光啊　yángguāng a

❽ 菱角　língjiao

❾ 葡萄　pú·táo

🎙 朗读提示

　　这是一篇充满童心童趣的美文。"自古逢秋悲寂寥",但是在孩子们的眼中,秋天却充满了生机,充满了童趣,充满了好奇,充满了人间美好的温情脉脉。朗读时,欲扬先抑,前后对比,音高较高,语速较快,语调上扬,语气热烈,着力展现孩子天真烂漫的赤子之心与老师对孩子们的喜爱之情。

📑 拓展阅读

作品12号拼音对照版

作品13号

夕阳落山不久，西方的天空，还燃烧着一片橘红色的晚霞。大海，也被这霞光染成了红色，而且比天空的景色更要壮观。因为它是活动的，每当一排排波浪涌起的时候，那映照在浪峰上的霞光，又红又亮，简直就像一片片霍霍燃烧着的火焰，闪烁着，消失了。而后面的一排，又闪烁着，滚动着，涌了过来。

天空的霞光渐渐地淡下去了，深红的颜色变成了绯红，绯红又变为浅红。最后，当这一切红光都消失了的时候，那突然显得高而远了的天空，则呈现出一片肃穆的神色。最早出现的启明星，在这蓝色的天幕上闪烁起来了。它是那么大，那么亮，整个广漠的天幕上只有它在那里放射着令人注目的光辉，活像一盏悬挂在高空的明灯。

夜色加浓，苍空中的"明灯"越来越多了。而城市各处的真的灯火也次第亮了起来，尤其是围绕在海港周围山坡上的那一片灯光，从半空倒映在乌蓝的海面上，随着波浪，晃动着，闪烁着，像一串流动着的珍珠，和那一片片密布在苍穹里的星斗互相辉映，煞是好看。

在这幽美的夜色中，我踏着软绵绵的沙滩，沿着海边，慢慢地向前走去。海水，轻轻地抚摸着细软的沙滩，发出温柔的//唰唰声。晚来的海风，清新而又凉爽。我的心里，有着说不出的兴奋和愉快。

夜风轻飘飘地吹拂着，空气中飘荡着一种大海和田禾相混合的香味儿，柔软的沙滩上还残留着白天太阳炙晒的余温。那些在各个工作岗位上劳动了一天的人们，三三两两地来到这软绵绵的沙滩上，他们浴着凉爽的海风，望着那缀满了星星的夜空，尽情地说笑，尽情地休憩。

节选自峻青《海滨仲夏夜》

🔊 语音提示

❶ 橘红色　júhóngsè

❷ 映照　yìngzhào

❸ 霍霍　huòhuò

❹ 绯红　fēihóng

❺ 肃穆　sùmù

❻ 广漠　guǎngmò

❼ 令人注目　lìngrénzhùmù

❽ 明灯　míngdēng

❾ 苍穹　cāngqióng

❿ 星斗　xīngdǒu

⓫ 软绵绵　ruǎn miánmián

🎙 朗读提示

　　本文节选自当代作家峻青创作的写景散文《海滨仲夏夜》。文章以时间顺序为轴，展现了仲夏海滨从夕阳落山到暮色四合时晚霞与夜景的逐渐变化，表达了对美好生活的热爱与赞美之情。作者观察细致入微，描写生动形象，措辞优美动人。整体基调温馨悠然，朗读时要充分发挥想象力和创造力，着重呈现出作品所具有的鲜明美感。气息饱满，语调柔和，节奏明快，色彩丰富，如温柔的海风轻抚脸颊，徐徐收尾。

📜 拓展阅读

作品13号拼音对照版

作品14号

生命在海洋里诞生绝不是偶然的，海洋的物理和化学性质，使它成为孕育原始生命的摇篮。

我们知道，水是生物的重要组成部分，许多动物组织的含水量在百分之八十以上，而一些海洋生物的含水量高达百分之九十五。水是新陈代谢的重要媒介，没有它，体内的一系列生理和生物化学反应就无法进行，生命也就停止。因此，在短时期内动物缺水要比缺少食物更加危险。水对今天的生命是如此重要，它对脆弱的原始生命，更是举足轻重了。生命在海洋里诞生，就不会有缺水之忧。

水是一种良好的溶剂。海洋中含有许多生命所必需的无机盐，如氯化钠、氯化钾、碳酸盐、磷酸盐，还有溶解氧，原始生命可以毫不费力地从中吸取它所需要的元素。

水具有很高的热容量，加之海洋浩大，任凭夏季烈日曝晒，冬季寒风扫荡，它的温度变化却比较小。因此，巨大的海洋就像是天然的"温箱"，是孕育原始生命的温床。

阳光虽然为生命所必需，但是阳光中的紫外线却有扼杀原始生命的危险。水能有效地吸收紫外线，因而又为原始生命提供了天然的"屏障"。

这一切都是原始生命得以产生和发展的必要条件。//

节选自童裳亮《海洋与生命》

))) 语音提示

❶ 生命 shēngmìng

❷ 孕育 yùnyù

❸ 媒介 méijiè

❹ 举足轻重 jǔzúqīngzhòng

❺ 氯化钠 lùhuànà

❻ 热容量 rèróngliàng

❼ 任凭 rènpíng

❽ 曝晒 pùshài

❾ 扼杀 èshā

❿ 屏障 píngzhàng

朗读提示

　　本文是一篇科技说明文，说明海洋是原始生命诞生的摇篮。结构严谨，语言精练，框架明晰，明白晓畅。朗读的时候，语速以中速为主，语调平直，语气和缓，节奏平稳，客观谨严展现即可。"eng"出现频率较高，需要稍微延长发音动程。

拓展阅读

作品14号拼音对照版

作品15号

在我国历史地理中，有三大都城密集区，它们是：关中盆地、洛阳盆地、北京小平原。其中每一个地区都曾诞生过四个以上大型王朝的都城。而关中盆地、洛阳盆地是前朝历史的两个都城密集区，正是它们构成了早期文明核心地带中最重要的内容。

为什么这个地带会成为华夏文明最先进的地区？这主要是由两个方面的条件促成的，一个是自然环境方面的，一个是人文环境方面的。

在自然环境方面，这里是我国温带季风气候带的南部，降雨、气温、土壤等条件都可以满足旱作农业的需求。中国北方的古代农作物，主要是一年生的粟和黍。黄河中下游的自然环境为粟黍作物的种植和高产提供了得天独厚的条件。农业生产的发达，会促进整个社会经济的发展，从而推动社会的进步。

在人文环境方面，这里是南北方、东西方大交流的轴心地区。在最早的六大新石器文化分布形势图中可以看到，中原处于这些文化分布的中央地带。无论是考古发现还是历史传说，都有南北文化长距离交流、东西文化相互碰撞的证据。中原地区在空间上恰恰位居中心，成为信息最发达、眼界最宽广、活动最//繁忙、竞争最激烈的地方。正是这些活动，推动了各项人文事务的发展，文明的方方面面就是在处理各类事务的过程中被开创出来的。

节选自唐晓峰《华夏文明的发展与融合》

语音提示

1 诞生　dànshēng

2 环境　huánjìng

3 旱作　hànzuò

4 粟　sù

5 黍　shǔ

6 提供　tígōng

7 碰撞　pèngzhuàng

8 证据　zhèngjù

朗读提示

　　本文节选自历史地理学家唐晓峰的科普说明文《华夏文明的发展与融合》，说明关中盆地和洛阳盆地会成为华夏文明最先进的地区主要是自然环境与人文环境共同促进的结果。文章说理透彻，结构明晰，语言朴实，通俗易懂。朗读的时候，不宜加入太多的个人情感，语速居中，语调平直，语气客观，节奏平缓，音高不宜太高，理性说明即可。

拓展阅读

作品15号拼音对照版

作品16号

于很多中国人而言，火车就是故乡。在中国人的心中，故乡的地位尤为重要，老家的意义非同寻常，所以，即便是坐过无数次火车，但印象最深刻的，或许还是返乡那一趟车。那一列列返乡的火车所停靠的站台边，熙攘的人流中，匆忙的脚步里，张望的目光下，涌动着的都是思乡的情绪。每一次看见返乡那趟火车，总觉得是那样可爱与亲切，仿佛看见了千里之外的故乡。上火车后，车启动的一刹那，在车轮与铁轨碰撞的"况且"声中，思乡的情绪便陡然在车厢里弥漫开来。你知道，它将驶向的，是你最熟悉也最温暖的故乡。再过几个或者十几个小时，你就会回到故乡的怀抱。这般感受，相信在很多人的身上都曾发生过。尤其在春节、中秋等传统节日到来之际，亲人团聚的时刻，更为强烈。

火车是故乡，火车也是远方。速度的提升，铁路的延伸，让人们通过火车实现了向远方自由流动的梦想。今天的中国老百姓，坐着火车，可以去往九百六十多万平方公里土地上的天南地北，来到祖国东部的平原，到达祖国南方的海边，走进祖国西部的沙漠，踏上祖国北方的草原，去观三山五岳，去看大江大河……

火车与空//间有着密切的联系，与时间的关系也让人觉得颇有意思。那长长的车厢，仿佛一头连着中国的过去，一头连着中国的未来。

节选自舒翼《记忆像铁轨一样长》

语音提示

❶ 熙攘　xīrǎng

❷ 情绪　qíngxù

❸ 一刹那　yīchànà

❹ 碰撞　pèngzhuàng

❺ 陡然　dǒurán

❻ 熟悉　shú·xī

❼ 梦想　mèngxiǎng

❽ 老百姓　lǎobǎixìng

❾ 三山五岳　sānshān-wǔyuè

朗读提示

　　本文节选自舒翼的抒情散文《记忆像铁轨一样长》。文章按照"总—分—总"的顺序，通过对中国人坐火车具体场景的描写，表达了"火车是故乡和远方"的鲜明主题。朗读时，全文基调舒缓，语速不快不慢，语调不高不低，语气不急不缓，充满了对故乡回忆的柔情与温暖，同时也体现出速度的提升和铁路的延伸带给中国老百姓生活的巨大变化。

拓展阅读

作品16号拼音对照版

作品17号

　　奶奶给我讲过这样一件事：有一次她去商店，走在她前面的一位阿姨推开沉重的大门，一直等到她跟上来才松开手。当奶奶向她道谢的时候，那位阿姨轻轻地说："我的妈妈和您的年龄差不多，我希望她遇到这种时候，也有人为她开门。"听了这件事，我的心温暖了许久。

　　一天，我陪患病的母亲去医院输液，年轻的护士为母亲扎了两针也没有扎进血管里，眼见针眼处鼓起青包。我正要抱怨几句，一抬头看见了母亲平静的眼神——她正在注视着护士额头上密密的汗珠，我不禁收住了涌到嘴边的话。只见母亲轻轻地对护士说："不要紧，再来一次！"第三针果然成功了。那位护士终于长出了一口气，她连声说："阿姨，真对不起。我是来实习的，这是我第一次给病人扎针，太紧张了。要不是您的鼓励，我真不敢给您扎了。"母亲用另一只手拉着我，平静地对护士说："这是我的女儿，和你差不多大小，正在医科大学读书，她也将面对自己的第一个患者。我真希望她第一次扎针的时候，也能得到患者的宽容和鼓励。"听了母亲的话，我的心里充满了温暖与幸福。

　　是啊，如果我们在生活中能将心比心，就会对老人生出一份//尊重，对孩子增加一份关爱，就会使人与人之间多一些宽容和理解。

节选自姜桂华《将心比心》

))) 语音提示

❶ 轻轻　qīngqīng

❸ 青包　qīngbāo

❺ 不禁　bùjīn

❷ 年龄　niánlíng

❹ 平静　píngjìng

❻ 幸福　xìngfú

🎙 朗读提示

　　本文节选自姜桂华的抒情散文《将心比心》。文章通过讲述奶奶与路人阿姨相互体谅和母亲包容扎针护士的故事，阐明了人与人之间应该相互理解、相互包容的主旨。脉络清晰，行文流畅，语言清新，感情真挚。朗读的时候，音高居中，语速稍慢，语调稍降，母亲与年轻护士的对话要体现出不同年龄阶段的音质差异，母亲年长，音高低，语气沉稳内敛；年轻护士年少，音高高，语气活泼轻快。

📃 拓展阅读

作品17号拼音对照版

作品18号

晋祠之美，在山，在树，在水。

这里的山，巍巍的，有如一道屏障；长长的，又如伸开的两臂，将晋祠拥在怀中。春日黄花满山，径幽香远；秋来草木萧疏，天高水清。无论什么时候拾级登山都会心旷神怡。

这里的树，以古老苍劲见长。有两棵老树：一棵是周柏，另一棵是唐槐。那周柏，树干劲直，树皮皱裂，顶上挑着几根青青的疏枝，偃卧于石阶旁。那唐槐，老干粗大，虬枝盘屈，一簇簇柔条，绿叶如盖。还有水边殿外的松柏槐柳，无不显出苍劲的风骨。以造型奇特见长的，有的偃如老妪负水，有的挺如壮士托天，不一而足。圣母殿前的左扭柏，拔地而起，直冲云霄，它的树皮上的纹理一齐向左边拧去，一圈一圈，丝纹不乱，像地下旋起了一股烟，又似天上垂下了一根绳。晋祠在古木的荫护下，显得分外幽静、典雅。

这里的水，多、清、静、柔。在园里信步，但见这里一泓深潭，那里一条小渠。桥下有河，亭中有井，路边有溪。石间细流脉脉，如线如缕；林中碧波闪闪，如锦如缎。这些水都来自"难老泉"。泉上有亭，亭上悬挂着清代著名学者傅山写的"难老泉"三个字。这么多的水长流不息，日日夜夜发出叮叮咚咚的响声。水的清澈真令人叫绝，无论//多深的水，只要光线好，游鱼碎石，历历可见。水的流势都不大，清清的微波，将长长的草蔓拉成一缕缕的丝，铺在河底，挂在岸边，合着那些金鱼、青苔以及石栏的倒影，织成一条条大飘带，穿亭绕榭，冉冉不绝。当年李白来到这里，曾赞叹说："晋祠流水如碧玉。"当你沿着流水去观赏那亭台楼阁时，也许会这样问：这几百间建筑怕都是在水上漂着的吧！

节选自梁衡《晋祠》

))) 语音提示

① 巍巍　wēiwēi
② 屏障　píngzhàng
③ 径幽香远　jìngyōu-xiāngyuǎn
④ 拾级　shèjí
⑤ 见长　jiàncháng
⑥ 劲直　jìngzhí
⑦ 偃卧　yǎnwò
⑧ 虬枝盘曲　qiúzhīpánqū
⑨ 偃如　yǎnrú
⑩ 老妪　lǎoyù
⑪ 左扭柏　zuǒniǔbǎi
⑫ 荫护　yìnhù
⑬ 分外　fènwài
⑭ 一泓深潭　yīhóng shēntán
⑮ 细流脉脉　xìliú mòmò

朗读提示

　　本文节选自散文家梁衡创作的写景美文《晋祠》。文章运用比喻、拟人、排比等多种修辞手法，对晋祠的山美、树美、水美进行细细描绘，表达出对祖国悠久历史的热爱与大好河山的赞颂之情。框架明晰，脉络分明，语言优美，情景交融，是中国当代写景散文的典范之作。朗读时，语速居中，语气平缓，语调稍降，比喻句的朗读要生动形象，音高稍高，语调上扬，语气欢快，凸显想象力和张力；排比句的停顿、语速、语气、语调一一相应，对仗工整，声韵和谐，尽显晋祠古朴典雅之美。

拓展阅读

作品18号拼音对照版

📄 作品19号

人们常常把人与自然对立起来，宣称要征服自然。殊不知在大自然面前，人类永远只是一个天真幼稚的孩童，只是大自然机体上普通的一部分，正像一株小草只是她的普通一部分一样。如果说自然的智慧是大海，那么，人类的智慧就只是大海中的一个小水滴，虽然这个水滴也能映照大海，但毕竟不是大海，可是，人们竟然不自量力地宣称要用这滴水来代替大海。

看着人类这种狂妄的表现，大自然一定会窃笑——就像母亲面对无知的孩子那样的笑。人类的作品飞上了太空，打开了一个个微观世界，于是人类沾沾自喜，以为揭开了大自然的秘密。可是，在自然看来，人类上下翻飞的这片巨大空间，不过是咫尺之间而已，就如同鲲鹏看待斥鷃一般，只是蓬蒿之间罢了。即使从人类自身智慧发展史的角度看，人类也没有理由过分自傲：人类的知识与其祖先相比诚然有了极大的进步，似乎有嘲笑古人的资本；可是，殊不知对于后人而言我们也是古人，一万年以后的人们也同样会嘲笑今天的我们，也许在他们看来，我们的科学观念还幼稚得很，我们的航天器在他们眼中不过是个非常简单的 // 儿童玩具。

节选自严春友《敬畏自然》

))) 语音提示

❶ 宣称　xuānchēng

❷ 征服　zhēngfú

❸ 映照　yìngzhào

❹ 竟然　jìngrán

❺ 咫尺　zhǐchǐ

❻ 鲲鹏　kūnpéng

❼ 斥鴳　chìyàn

❽ 蓬蒿　pénghāo

❾ 诚然　chéngrán

朗读提示

　　本文节选自严春友创作的议论性散文《大自然的智慧》。文章通过对人与自然关系的探讨，有力驳斥"征服自然"的错误观念，旗帜鲜明地提倡人类应该敬畏自然、爱护自然。选段欲破先立，构思巧妙，结构明晰，表述严谨，有理有据，论述有力。朗读的时候，以中速为主，音高居中，语气平稳，语调下行，表明批驳立场。"鲲鹏"与"斥鴳"加对比重音，两相对照，立现高下。

拓展阅读

作品19号拼音对照版

作品20号

舞台上的幕布拉开了，音乐奏起来了。演员们踩着音乐的拍子，以庄重而有节奏的步法走到灯光前面来了。灯光射在他们五颜六色的服装和头饰上，一片金碧辉煌的彩霞。

当女主角穆桂英以轻盈而矫健的步子出场的时候，这个平静的海面陡然动荡起来了，它上面卷起了一阵暴风雨：观众像触了电似的迅即对这位女英雄报以雷鸣般的掌声。她开始唱了。她圆润的歌喉在夜空中颤动，听起来辽远而又切近，柔和而又铿锵。戏词像珠子似的从她的一笑一颦中，从她优雅的"水袖"中，从她婀娜的身段中，一粒一粒地滚下来，滴在地上，溅到空中，落进每一个人的心里，引起一片深远的回音。这回音听不见，却淹没了刚才涌起的那一阵热烈的掌声。

观众像着了魔一样，忽然变得鸦雀无声。他们看得入了神。他们的感情和舞台上女主角的感情融在了一起。女主角的歌舞渐渐进入高潮。观众的情感也渐渐进入高潮。潮在涨。没有谁能控制住它。这个一度平静下来的人海忽然又动荡起来了。戏就在这时候要到达顶点。我们的女主角在这时候就像一朵盛开的鲜花，观众想把这朵鲜花捧在手里，不让//它消逝。他们不约而同地从座位上立起来，像潮水一样，涌到我们这位艺术家面前。舞台已经失去了界限，整个的剧场成了一个庞大的舞台。

我们这位艺术家是谁呢？他就是梅兰芳同志。半个世纪的舞台生涯过去了，六十六岁的高龄，仍然能创造出这样富有朝气的美丽形象，表现出这样充沛的青春活力，这不能不说是奇迹。这奇迹的产生是必然的，因为我们拥有这样热情的观众和这样热情的艺术家。

节选自叶君健《看戏》

语音提示

❶ 步法　bùfǎ

❸ 陡然　dǒurán

❺ 辽远　liáoyuǎn

❼ 铿锵　kēngqiāng

❾ 婀娜　ēnuó

❷ 轻盈　qīngyíng

❹ 迅即　xùnjí

❻ 切近　qièjìn

❽ 一笑一颦　yīxiào yī pín

❿ 鸦雀无声　yāquè-wúshēng

朗读提示

　　本文节选自现代作家、翻译家、儿童文学家叶君健的叙事散文《看戏》。文章以演出过程为基本线索，描写了建国十周年的喜庆日子里著名京剧表演艺术家梅兰芳在首都公园公演新编排京剧《穆桂英挂帅》的盛况，形象生动地表达了人民艺术家热爱人民、人民热爱自己的艺术家的深厚情感。结构精巧，语言华丽，比喻鲜活，动静结合，悬念迭起，引人入胜。朗读时，中速开篇，语调平稳，语气沉稳，渲染演出现场金碧辉煌的氛围。随着演出过程的推进，语速、语气、语调均随之变化，语速略升，语调上扬，语气热烈。以"她"设置悬念，"辽远"与"切近"、"柔和"与"铿锵"、"笑"与"颦"加对比重音，强调截然不同又浑然一体。戏词的描述，语速稍慢，多停少连，形象传递出"一粒一粒"般的颗粒感。

拓展阅读

作品20号拼音对照版

作品21号

十年，在历史上不过是一瞬间。只要稍加注意，人们就会发现：在这一瞬间里，各种事物都悄悄经历了自己的千变万化。

这次重新访日，我处处感到亲切和熟悉，也在许多方面发觉了日本的变化。就拿奈良的一个角落来说吧，我重游了为之感受很深的唐招提寺，在寺内各处匆匆走了一遍，庭院依旧，但意想不到还看到了一些新的东西。其中之一，就是近几年从中国移植来的"友谊之莲"。

在存放鉴真遗像的那个院子里，几株中国莲昂然挺立，翠绿的宽大荷叶正迎风而舞，显得十分愉快。开花的季节已过，荷花朵朵已变为莲蓬累累。莲子的颜色正在由青转紫，看来已经成熟了。

我禁不住想："因"已转化为"果"。

中国的莲花开在日本，日本的樱花开在中国，这不是偶然。我希望这样一种盛况延续不衰。

在这些日子里，我看到了不少多年不见的老朋友，又结识了一些新朋友。大家喜欢涉及的话题之一，就是古长安和古奈良。那还用得着问吗，朋友们缅怀过去，正是瞩望未来。瞩目于未来的人们必将获得未来。

我不例外，也希望一个美好的未来。

为了中日人民之间的友谊，我将不会浪费今后生命的每一瞬间。//

节选自严文井《莲花和樱花》

)))语音提示

❶ 一瞬间　yíshùnjiān

❷ 熟悉　shú·xī

❸ 唐招提寺　tángzhāotísì

❹ 友谊之莲　yǒuyì zhīlián

❺ 迎风而舞　yíngfēng ér wǔ

❻ 莲蓬累累　liánpeng léiléi

❼ 古奈良　gǔ nàiliáng

❽ 缅怀过去　miǎnhuái guòqù

❾ 瞩望未来　zhǔwàng wèi lái

朗读提示

　　本文是中国现代散文家严文井创作的散文《莲花和樱花》。文章描写作者十年后重新访日，发现日本奈良唐招提寺中从中国移植来的"友谊之莲"已经莲蓬累累，引发对中日友谊延续不衰的深入思考与美好祝愿。文章以小见大，见微知著，语言质朴，条理清晰，由浅入深，循序渐进，简短有力，说理透彻。朗读的时候，要注意叙述性语言与议论性语言的差别。叙述性语言语速居中，语调平直，语气平缓，要有讲述感；议论性语言语速适当加快，语气轻松活泼，"那还用得着问吗"改为升调，鲜明表达反问语气。"缅怀过去"与"瞩望未来"两相对应，加逻辑重音凸显对比。

拓展阅读

作品21号拼音对照版

作品22号

我打猎归来，沿着花园的林阴路走着。狗跑在我前边。

突然，狗放慢脚步，蹑足潜行，好像嗅到了前边有什么野物。

我顺着林阴路望去，看见了一只嘴边还带黄色、头上生着柔毛的小麻雀。风猛烈地吹打着林阴路上的白桦树，麻雀从巢里跌落下来，呆呆地伏在地上，孤立无援地张开两只羽毛还未丰满的小翅膀。

我的狗慢慢向它靠近。忽然，从附近一棵树上飞下一只黑胸脯的老麻雀，像一颗石子似的落到狗的跟前。老麻雀全身倒竖着羽毛，惊恐万状，发出绝望、凄惨的叫声，接着向露出牙齿、大张着的狗嘴扑去。

老麻雀是猛扑下来救护幼雀的。它用身体掩护着自己的幼儿……但它整个小小的身体因恐怖而战栗着，它小小的声音也变得粗暴嘶哑，它在牺牲自己！

在它看来，狗该是多么庞大的怪物啊！然而，它还是不能站在自己高高的、安全的树枝上……一种比它的理智更强烈的力量，使它从那儿扑下身来。

我的狗站住了，向后退了退……看来，它也感到了这种力量。

我赶紧唤住惊慌失措的狗，然后我怀着崇敬的心情，走开了。

是啊，请不要见笑。我崇敬那只小小的、英勇的鸟儿，我崇敬它那种爱的冲动和力量。

爱，我//想，比死和死的恐惧更强大。只有依靠它，依靠这种爱，生命才能维持下去，发展下去。

节选自［俄］屠格涅夫《麻雀》，巴金译

ⅈ)) 语音提示

❶ 林阴路　línyīnlù

❷ 前边　qián·biān

❸ 蹑足潜行　nièzú-qiánxíng

❹ 柔毛　róumáo

❺ 猛烈　měngliè

❻ 白桦树　báihuàshù

❼ 丰满　fēngmǎn

❽ 似的　shìde

❾ 露出　lòuchū

❿ 战栗　zhànlì

⓫ 惊慌失措　jīnghuāng-shīcuò

⓬ 崇敬　chóngjìng

🎤 朗读提示

　　本文节选自俄罗斯作家屠格涅夫的名作《猎人笔记》。文章记叙了一只老麻雀面对凶狠的猎狗，宁愿牺牲自己也要猛扑下来保护幼雀的感人故事，表达了对无私的爱的崇敬与歌颂之情。情节曲折，描写生动，短小精悍，发人深省。朗读时，用平缓的语速开篇，音高居中，语调平缓，交代故事发生的具体场景；随着故事情节的发展，语速加快，音高升高，语调下降，语带崇敬之情。"怪物啊"中的"啊"在语流中产生音变，应读作"uɑ"。

🔖 拓展阅读

作品22号拼音对照版

📄 作品23号

在浩瀚无垠的沙漠里，有一片美丽的绿洲，绿洲里藏着一颗闪光的珍珠。这颗珍珠就是敦煌莫高窟。它坐落在我国甘肃省敦煌市三危山和鸣沙山的怀抱中。

鸣沙山东麓是平均高度为十七米的崖壁。在一千六百多米长的崖壁上，凿有大小洞窟七百余个，形成了规模宏伟的石窟群。其中四百九十二个洞窟中，共有彩色塑像两千一百余尊，各种壁画共四万五千多平方米。莫高窟是我国古代无数艺术匠师留给人类的珍贵文化遗产。

莫高窟的彩塑，每一尊都是一件精美的艺术品。最大的有九层楼那么高，最小的还不如一个手掌大。这些彩塑个性鲜明，神态各异。有慈眉善目的菩萨，有威风凛凛的天王，还有强壮勇猛的力士……

莫高窟壁画的内容丰富多彩，有的是描绘古代劳动人民打猎、捕鱼、耕田、收割的情景，有的是描绘人们奏乐、舞蹈、演杂技的场面，还有的是描绘大自然的美丽风光。其中最引人注目的是飞天。壁画上的飞天，有的臂挎花篮，采摘鲜花；有的反弹琵琶，轻拨银弦；有的倒悬身子，自天而降；有的彩带飘拂，漫天遨游；有的舒展着双臂，翩翩起舞。看着这些精美动人的壁画，就像走进了//灿烂辉煌的艺术殿堂。

莫高窟里还有一个面积不大的洞窟——藏经洞。洞里曾藏有我国古代的各种经卷、文书、帛画、刺绣、铜像等共六万多件。由于清朝政府腐败无能，大量珍贵的文物被外国强盗掠走。仅存的部分经卷，现在陈列于北京故宫等处。

莫高窟是举世闻名的艺术宝库。这里的每一尊彩塑、每一幅壁画、每一件文物，都是中国古代人民智慧的结晶。

节选自《莫高窟》

语音提示

❶ 浩瀚无垠　hàohàn wúyín
❷ 东麓　dōnglù
❸ 崖壁　yábì
❹ 彩塑　cǎisù
❺ 菩萨　pú·sà
❻ 威风凛凛　wēifēng lǐnlǐn
❼ 琵琶　pí·pá
❽ 轻拨银弦　qīng bō yínxián
❾ 漫天遨游　màntiān áoyóu
❿ 翩翩起舞　piānpiān-qǐwǔ

朗读提示

本文节选自说明文《莫高窟》。文章从交代莫高窟地理位置开始，对莫高窟的洞窟规模、彩塑、壁画、藏经洞等一一进行说明。语言质朴，描写细致，逻辑清晰，明白晓畅。朗诵时，以中速开场，语调平直，语气略带神秘色彩。用数字客观说明莫高窟洞窟的规模，“十七米”“一千六百多米”“七百余个”“四百九十二个”“两千一百余尊”“四万五千多平方米”加逻辑重音，凸显莫高窟之宏伟珍贵。对敦煌壁画的细致描绘，语速稍快，语调上扬，气息饱满，语气欢快，“有的……”之后都稍作停顿，形成五个类似的平行结构，形态各异，交相辉映，用惊叹的口吻极力赞颂其艺术境界之高已达化境，臻于至善。

拓展阅读

作品23号拼音对照版

作品24号

森林涵养水源，保持水土，防止水旱灾害的作用非常大。据专家测算，一片十万亩面积的森林，相当于一个两百万立方米的水库，这正如农谚所说的："山上多栽树，等于修水库。雨多它能吞，雨少它能吐。"

说起森林的功劳，那还多得很。它除了为人类提供木材及许多种生产、生活的原料之外，在维护生态环境方面也是功劳卓著，它用另一种"能吞能吐"的特殊功能孕育了人类。因为地球在形成之初，大气中的二氧化碳含量很高，氧气很少，气温也高，生物是难以生存的。大约在四亿年之前，陆地才产生了森林。森林慢慢将大气中的二氧化碳吸收，同时吐出新鲜氧气，调节气温：这才具备了人类生存的条件，地球上才最终有了人类。

森林，是地球生态系统的主体，是大自然的总调度室，是地球的绿色之肺。森林维护地球生态环境的这种"能吞能吐"的特殊功能是其他任何物体都不能取代的。然而，由于地球上的燃烧物增多，二氧化碳的排放量急剧增加，使得地球生态环境急剧恶化，主要表现为全球气候变暖，水分蒸发加快，改变了气流的循环，使气候变化加剧，从而引发热浪、飓风、暴雨、洪涝及干旱。

为了//使地球的这个"能吞能吐"的绿色之肺恢复健壮，以改善生态环境，抑制全球变暖，减少水旱等自然灾害，我们应该大力造林、护林，使每一座荒山都绿起来。

节选自《"能吞能吐"的森林》

🔊 语音提示

❶ 涵养　hányǎng

❷ 农谚　nóngyàn

❸ 提供　tígōng

❹ 功劳卓著　gōng·láo zhuózhù

❺ 能吞能吐　néngtūn－néngtǔ

❻ 形成之初　xíngchéng zhīchū

❼ 总调度室　zǒng diàodùshì

❽ 热浪　rèlàng

❾ 飓风　jùfēng

🎤 朗读提示

　　本文是一篇科技说明文。文章采用比喻和拟人的手法，说明森林的作用巨大，除了可以提供生产、生活原料之外，还可以维护地球的生态环境，为人类的生存和繁衍提供基本保障。呼吁人类必须大力植树造林，着力加大对森林的保护力度，以改变当前生态环境不断恶化的严峻现状。语言平易，篇幅简短，条理清晰，结构明快，有理有据，论说有力。朗读时，音高居中，以中速为宜，语调以降调为主，语气理性客观。"生态系统的主体""大自然的总调度室""地球的绿色之肺"层层递进，音高依次上升，语气坚决，不容置疑。

📖 拓展阅读

作品24号拼音对照版

作品25号

中国没有人不爱荷花的。可我们楼前池塘中独独缺少荷花。每次看到或想到，总觉得是一块心病。有人从湖北来，带来了洪湖的几颗莲子，外壳呈黑色，极硬。据说，如果埋在淤泥中，能够千年不烂。我用铁锤在莲子上砸开了一条缝，让莲芽能够破壳而出，不至永远埋在泥中。把五六颗敲破的莲子投入池塘中，下面就是听天由命了。

这样一来，我每天就多了一件工作：到池塘边上去看上几次。心里总是希望，忽然有一天，"小荷才露尖尖角"，有翠绿的莲叶长出水面。可是，事与愿违，投下去的第一年，一直到秋凉落叶，水面上也没有出现什么东西。但是到了第三年，却忽然出了奇迹。有一天，我忽然发现，在我投莲子的地方长出了几个圆圆的绿叶，虽然颜色极惹人喜爱，但是却细弱单薄，可怜兮兮地平卧在水面上，像水浮莲的叶子一样。

真正的奇迹出现在第四年上。到了一般荷花长叶的时候，在去年飘浮着五六个叶片的地方，一夜之间，突然长出了一大片绿叶，叶片扩张的速度，范围的扩大，都是惊人地快。几天之内，池塘内不小一部分，已经全为绿叶所覆盖。而且原来平卧在水面上的像是水浮莲一样的//叶片，不知道是从哪里聚集来了力量，有一些竟然跃出了水面，长成了亭亭的荷叶。这样一来，我心中的疑云一扫而光：池塘中生长的真正是洪湖莲花的子孙了。我心中狂喜，这几年总算是没有白等。

节选自季羡林《清塘荷韵》

))) 语音提示

① 心病 xīnbìng

③ 听天由命 tīngtiān-yóumìng

⑤ 奇迹 qíjì

⑦ 平卧 píngwò

② 呈 chéng

④ 事与愿违 shìyúyuànwéi

⑥ 惹人喜爱 rě rén xǐ'ài

⑧ 水浮莲 shuǐfúlián

🎤 朗读提示

　　本文节选自学界泰斗季羡林先生创作的散文《清塘荷韵》。文章通过记叙作者播种洪湖莲子四年才得以生长繁盛的故事，表达了对自然万物蓬勃生命力的赞叹之情。语言质朴无华，结构行云流水，情感真挚动人，"清水出芙蓉，天然去雕饰，"淡淡的喜悦与淡淡的期盼贯穿全文，读来如盛夏荷香扑面，淡雅怡人。朗读时，以中速开篇，音高适中，语调和缓，语气平静，如同季羡林先生正坐在我们面前，对自己的亲身经历娓娓道来，有听之任之、顺其自然之感。尾段语速稍快，"奇迹"加逻辑重音重读，"一夜之间"之后语速更快，语调上扬，语带惊喜，"惊人""全"读得较重，喜出望外，着力刻画作者内心期盼许久的莲子历经四年时光，终于长成亭亭荷叶的欢呼雀跃。

📑 拓展阅读

作品25号拼音对照版

作品26号

在原始社会里，文字还没有创造出来，却先有了歌谣一类的东西。这也就是文艺。

文字创造出来以后，人就用它把所见所闻所想所感的一切记录下来。一首歌谣，不但口头唱，还要刻呀，漆呀，把它保留在什么东西上。这样，文艺和文字就并了家。

后来纸和笔普遍地使用了，而且发明了印刷术。凡是需要记录下来的东西，要多少份就可以有多少份。于是所谓文艺，从外表说，就是一篇稿子，一部书，就是许多文字的集合体。

文字是一道桥梁，通过了这一道桥梁，读者才和作者会面。不但会面，并且了解作者的心情，和作者的心情相契合。

就作者的方面说，文艺的创作决不是随便取许多文字来集合在一起。作者着手创作，必然对于人生先有所见，先有所感。他把这些所见所感写出来，不作抽象的分析，而作具体的描写，不作刻板的记载，而作想象的安排。他准备写的不是普通的论说文、记叙文；他准备写的是文艺。他动手写，不但选择那些最适当的文字，让它们集合起来，还要审查那些写下来的文字，看有没有应当修改或是增减的。总之，作者想做到的是：写下来的文字正好传达出他的所见所感。

就读者的//方面说，读者看到的是写在纸面或者印在纸面的文字，但是看到文字并不是他们的目的。他们要通过文字去接触作者的所见所感。

节选自叶圣陶《驱遣我们的想象》

))) 语音提示

① 创造　chuàngzào

② 歌谣　gēyáo

③ 契合　qìhé

④ 记载　jìzǎi

⑤ 适当　shìdàng

⑥ 增减　zēngjiǎn

🎙 朗读提示

　　本文选自教育家叶圣陶先生所写的一篇文艺论文《驱遣我们的想象》。文章通过列举大量事实证明，欣赏文艺作品，不仅要理解文字的表面含义，还要驱遣想象，透过文字进入作品的意境之中，体验阅读的愉快。语言平实，结构明晰，有理有据，说理充分。朗读时，全文保持中速，音高居中，语调平直，语气客观，理性论证。

📰 拓展阅读

作品26号拼音对照版

作品27号

语言，也就是说话，好像是极其稀松平常的事儿。可是仔细想想，实在是一件了不起的大事。正是因为说话跟吃饭、走路一样的平常，人们才不去想它究竟是怎么回事儿。其实这三件事儿都是极不平常的，都是使人类不同于别的动物的特征。

记得在小学里读书的时候，班上有一位"能文"的大师兄，在一篇作文的开头写下这么两句："鹦鹉能言，不离于禽；猩猩能言，不离于兽。"我们看了都非常佩服。后来知道这两句是有来历的，只是字句有些出入。又过了若干年，才知道这两句话都有问题。鹦鹉能学人说话，可只是作为现成的公式来说，不会加以变化。只有人们说话是从具体情况出发，情况一变，话也跟着变。

西方学者拿黑猩猩做实验，它们能学会极其有限的一点儿符号语言，可是学不会把它变成有声语言。人类语言之所以能够"随机应变"，在于一方面能把语音分析成若干音素，又把这些音素组合成音节，再把音节连缀起来。另一方面，又能分析外界事物及其变化，形成无数的"意念"，一一配以语音，然后综合运用，表达各种复杂的意思。一句话，人类语言的特点就在于能用变化无穷的语音，表达变化无穷的//意义。这是任何其他动物办不到的。

节选自吕叔湘《人类的语言》

))) 语音提示

❶ 稀松平常 xīsōng píngcháng

❷ 特征 tèzhēng

❸ 鹦鹉 yīngwǔ

❹ 猩猩 xīngxing

❺ 佩服 pèi·fú

❻ 随机应变 suíjī–yìngbiàn

❼ 连缀 liánzhuì

❽ 复杂 fùzá

朗读提示

　　本文选自语言学家吕叔湘先生创作的科普说明文《人类的语言》。文章通过将人类的语言与动物的交流方式进行对比，总结归纳了人类语言的基本特点，语言质朴无华，生活气息浓郁，说理深入浅出，通俗易懂，是大家创作科普文章的经典之作。朗读时，以中速为主，音高不高，语调平直，语气严谨客观，有理有据，有如温厚长者与晚辈侃侃而谈之感。

拓展阅读

作品27号拼音对照版

作品28号

父亲喜欢下象棋。那一年，我大学回家度假，父亲教我下棋。

我们俩摆好棋，父亲让我先走三步，可不到三分钟，三下五除二，我的兵将损失大半，棋盘上空荡荡的，只剩下老帅、士和一车两卒在孤军奋战。我还不肯罢休，可是已无力回天，眼睁睁看着父亲"将军"，我输了。

我不服气，摆棋再下。几次交锋，基本上都是不到十分钟我就败下阵来。我不禁有些泄气。父亲对我说："你初学下棋，输是正常的。但是你要知道输在什么地方；否则，你就是再下上十年，也还是输。"

"我知道，输在棋艺上。我技术上不如你，没经验。"

"这只是次要因素，不是最重要的。"

"那最重要的是什么？"我奇怪地问。

"最重要的是你的心态不对。你不珍惜你的棋子。"

"怎么不珍惜呀？我每走一步，都想半天。"我不服气地说。

"那是后来，开始你是这样吗？我给你计算过，你三分之二的棋子是在前三分之一的时间内丢失的。这期间你走棋不假思索，拿起来就走，失了也不觉得可惜。因为你觉得棋子很多，失一两个不算什么。"

我看看父亲，不好意思地低下头。"后三分之二的时间，你又犯了相反的错误：对棋子过于珍惜，每走一步，都思前想后，患得患失，一个棋也不想失，//结果一个一个都失去了。"

节选自林夕《人生如下棋》

))) 语音提示

❶ 交锋 jiāofēng

❷ 不禁 bùjīn

❸ 经验 jīngyàn

❹ 不假思索 bùjiǎ-sīsuǒ

❺ 患得患失 huàndé-huànshī

🎤 朗读提示

　　本文节选自作家林夕创作的散文《人生如下棋》。文章通过叙述父子二人对弈的故事，表达了人生如棋、有得必有失、有失必有得的人生哲理。语言朴素，个性鲜明，以小见大，发人深省。朗读时，以中速开篇，音高居中，语调下行，语气沉着，叙述故事发生的背景；"无力回天""眼睁睁"要读出心有不甘又无能为力的无可奈何之态；"我不禁有些泄气"开始语速下降，音高降低，语调再次下降，"父亲"的话要有谆谆教导之意；父子两人的对话，凸显不同的性格特征，"我"音高较高，语速较快，语调上扬，心有不甘；"父亲"音高较低，语速稍慢，语调下沉，循循善诱。"父亲"最后的总结之语语速最慢，停顿延长，点明全文的主旨，整个故事徐徐落幕。

🔖 拓展阅读

作品28号拼音对照版

📄 作品29号

仲夏，朋友相邀游十渡。在城里住久了，一旦进入山水之间，竟有一种生命复苏的快感。

下车后，我们舍弃了大路，挑选了一条半隐半现在庄稼地里的小径，弯弯绕绕地来到了十渡渡口。夕阳下的拒马河慷慨地撒出一片散金碎玉，对我们表示欢迎。

岸边山崖上刀斧痕犹存的崎岖小道，高低凸凹，虽没有"难于上青天"的险恶，却也有踏空了滚到拒马河洗澡的风险。狭窄处只能手扶岩石贴壁而行。当"东坡草堂"几个红漆大字赫然出现在前方岩壁时，一座镶嵌在岩崖间的石砌茅草屋同时跃进眼底。草屋被几级石梯托得高高的，屋下俯瞰着一湾河水，屋前顺山势辟出了一片空地，算是院落吧！右侧有一小小的蘑菇形的凉亭，内设石桌石凳，亭顶褐黄色的茅草像流苏般向下垂泻，把现实和童话串成了一体。草屋的构思者最精彩的一笔，是设在院落边沿的柴门和篱笆，走近这儿，便有了"花径不曾缘客扫，蓬门今始为君开"的意思。

当我们重登凉亭时，远处的蝙蝠山已在夜色下化为剪影，好像就要展翅扑来。拒马河趁人们看不清它的容貌时豁开了嗓门儿韵味十足地唱呢！偶有不安分的小鱼儿和青蛙蹦跳//成声，像是为了强化这夜曲的节奏。此时，只觉世间唯有水声和我，就连偶尔从远处赶来歇脚的晚风，也悄无声息。

当我渐渐被夜的凝重与深邃所融蚀，一缕新的思绪涌动时，对岸沙滩上燃起了篝火，那鲜亮的火光，使夜色有了躁动感。篝火四周，人影绰约，如歌似舞。朋友说，那是北京的大学生们，结伴来这儿度周末的。遥望那明灭无定的火光，想象着篝火映照的青春年华，也是一种意想不到的乐趣。

节选自刘延《十渡游趣》

🔊 语音提示

❶ 相邀　xiāngyāo

❷ 散金碎玉　sǎnjīn-suìyù

❸ 高低凸凹　gāodītū'āo

❹ 赫然　hèrán

❺ 俯瞰　fǔkàn

❻ 垂泻　chuíxiè

❼ 蓬门　péngmén

❽ 重登　chóngdēng

❾ 豁开　huōkāi

❿ 蹦跳　bèngtiào

🎙 朗读提示

　　本文节选自作家刘延创作的散文《十渡游趣》。文章以游览顺序为序，对十渡渡口的风景进行细细地描绘，表达了进入山水之间生命得以复苏的欣喜和欢快以及对祖国壮丽河山的热爱与赞颂之情。语言古朴，观察入微，描写细致，引人入胜。朗读时，中速开篇，音高居中，语调平直，"竟""快感"加重音，凸显久在城市，一旦进入山水的畅快淋漓之感。"散金碎玉"音高升高，语速加快，微微有炫目之感；"赫然"加强调重音，音高陡然升高，示其鲜明。"俯瞰"之后，景色开阔，音高稍升，语速加快，到"花径不曾缘客扫，蓬门今始为君开"语速缓缓下降，音高降低，明其古朴之意。"展翅扑来""豁开了嗓门儿""蹦跳成声"语速加快，音高稍升，静中有动，凸显动感。

📑 拓展阅读

作品29号拼音对照版

作品30号

在闽西南和粤东北的崇山峻岭中，点缀着数以千计的圆形围屋或土楼，这就是被誉为"世界民居奇葩"的客家民居。

客家人是古代从中原繁盛的地区迁到南方的。他们的居住地大多在偏僻、边远的山区，为了防备盗匪的骚扰和当地人的排挤，便建造了营垒式住宅，在土中掺石灰，用糯米饭、鸡蛋清作黏合剂，以竹片、木条作筋骨，夯筑起墙厚一米，高十五米以上的土楼。它们大多为三至六层楼，一百至二百多间房屋如橘瓣状排列，布局均匀，宏伟壮观。大部分土楼有两三百年甚至五六百年的历史，经受无数次地震撼动、风雨侵蚀以及炮火攻击而安然无恙，显示了传统建筑文化的魅力。

客家先民崇尚圆形，认为圆是吉祥、幸福和安宁的象征。土楼围成圆形的房屋均按八卦布局排列，卦与卦之间设有防火墙，整齐划一。

客家人在治家、处事、待人、立身等方面，无不体现出明显的文化特征。比如，许多房屋大门上刻着这样的正楷对联："承前祖德勤和俭，启后子孙读与耕"，表现了先辈希望子孙和睦相处、勤俭持家的愿望。楼内房间大小一模一样，他们不分贫富、贵贱，每户人家平等地分到底层至高层各//一间房。各层房屋的用途惊人地统一，底层是厨房兼饭堂，二层当贮仓，三层以上作卧室，两三百人聚居一楼，秩序井然，毫不混乱。土楼内所保留的民俗文化，让人感受到中华传统文化的深厚久远。

节选自张宇生《世界民居奇葩》

))) 语音提示

❶ 崇山峻岭　chóngshān-jùnlǐng

❷ 奇葩　qípā

❸ 盗匪　dàofěi

❹ 营垒式　yínglěishì

❺ 黏合剂　niánhéjì

❻ 夯筑　hāngzhù

❼ 橘瓣状　júbànzhuàng

❽ 撼动　hàndòng

❾ 处事　chǔshì

❿ 一模一样　yīmú-yīyàng

朗读提示

　　本文节选自张宇生的科技说明文《世界民居奇葩》。文章以客家民居为专门的说明对象，阐明了客家民居的修建过程、建筑特色以及文化特征。语言质朴，简短有力，条理清晰，结构严密。全文语速居中，音高不高，语调平直，语气严谨，"一米""十五米""三至六层楼""一百至二百多间""两三百年""五六百年"用逻辑重音加以强调，凸显客家民居规模宏大、历史悠久，体现客家民居的传统文化特征。

拓展阅读

作品30号拼音对照版

作品31号

我国的建筑，从古代的宫殿到近代的一般住房，绝大部分是对称的，左边怎么样，右边也怎么样。苏州园林可绝不讲究对称，好像故意避免似的。东边有了一个亭子或者一道回廊，西边决不会来一个同样的亭子或者一道同样的回廊。这是为什么？我想，用图画来比方，对称的建筑是图案画，不是美术画，而园林是美术画，美术画要求自然之趣，是不讲究对称的。

苏州园林里都有假山和池沼。

假山的堆叠，可以说是一项艺术而不仅是技术。或者是重峦叠嶂，或者是几座小山配合着竹子花木，全在乎设计者和匠师们生平多阅历，胸中有丘壑，才能使游览者攀登的时候忘却苏州城市，只觉得身在山间。

至于池沼，大多引用活水。有些园林池沼宽敞，就把池沼作为全园的中心，其他景物配合着布置。水面假如成河道模样，往往安排桥梁。假如安排两座以上的桥梁，那就一座一个样，决不雷同。

池沼或河道的边沿很少砌齐整的石岸，总是高低屈曲任其自然。还在那儿布置几块玲珑的石头，或者种些花草。这也是为了取得从各个角度看都成一幅画的效果。池沼里养着金鱼或各色鲤鱼，夏秋季节荷花或睡莲//开放，游览者看"鱼戏莲叶间"，又是入画的一景。

节选自叶圣陶《苏州园林》

))) 语音提示

❶ 对称　duìchèn

❷ 似的　shìde

❸ 回廊　huíláng

❹ 比方　bǐfang

❺ 自然之趣　zìrán zhī qù

❻ 池沼　chízhǎo

❼ 重峦叠嶂　chóngluán-diézhàng

❽ 丘壑　qiūhè

❾ 攀登　pāndēng

❿ 模样　múyàng

⓫ 齐整　qízhěng

⓬ 高低屈曲　gāodī qūqū

⓭ 任其自然　rèn qí zìrán

⓮ 玲珑　línglóng

🎤 朗读提示

　　本文节选自教育家叶圣陶的科技说明文《苏州园林》。文章主要说明了苏州园林中假山和池沼的特征，表达了作者对自然之趣的热爱与赞赏，同时也赞扬了苏州园林设计者与匠师们的奇思妙想与高超技艺。朗读时，以中速开篇，语调平直，语气客观，抓住关键词"绝不讲究""绝不会""故意避免"来凸显苏州园林的自然之趣，"这是为什么"设问语调上升，承上启下，引出下文；"生平多阅历，胸中有丘壑""一座一个样，绝不雷同""高低屈曲，任其自然"加强调重音，语气要深情一些，表达由衷的敬佩之意。

🔖 拓展阅读

作品31号拼音对照版

📄 作品 32 号

泰山极顶看日出，历来被描绘成十分壮观的奇景。有人说：登泰山而看不到日出，就像一出大戏没有戏眼，味儿终究有点寡淡。

我去爬山那天，正赶上个难得的好天，万里长空，云彩丝儿都不见。素常烟雾腾腾的山头，显得眉目分明。同伴们都欣喜地说："明天早晨准可以看见日出了。"我也是抱着这种想头，爬上山去。

一路从山脚往上爬，细看山景，我觉得挂在眼前的不是五岳独尊的泰山，却像一幅规模惊人的青绿山水画，从下面倒展开来。在画卷中最先露出的是山根底那座明朝建筑岱宗坊，慢慢地便现出王母池、斗母宫、经石峪。山是一层比一层深，一叠比一叠奇，层层叠叠，不知还会有多深多奇。万山丛中，时而点染着极其工细的人物。王母池旁的吕祖殿里有不少尊明塑，塑着吕洞宾等一些人，姿态神情是那样有生气，你看了，不禁会脱口赞叹说："活啦。"

画卷继续展开，绿阴森森的柏洞露面不太久，便来到对松山。两面奇峰对峙着，满山峰都是奇形怪状的老松，年纪怕都有上千岁了，颜色竟那么浓，浓得好像要流下来似的。来到这儿，你不妨权当一次画里的写意人物，坐在路旁的对松亭里，看看山色，听听流//水和松涛。

一时间，我又觉得自己不仅是在看画卷，却又像是在零零乱乱翻着一卷历史稿本。

节选自杨朔《泰山极顶》

语音提示

❶ 极顶　jí dǐng

❷ 味儿　wèir

❸ 寡淡　guǎdàn

❹ 云彩丝儿　yúncaisīr

❺ 烟雾腾腾　yānwù téngténg

❻ 眉目分明　méi·mù fēnmíng

❼ 想头　xiǎngtou

❽ 倒展　dàozhǎn

❾ 岱宗坊　Dàizōngfāng

❿ 斗母宫　Dǒumǔgōng

⓫ 经石峪　Jīngshíyù

⓬ 层层叠叠　céngcéngdiédié

⓭ 点染　diǎnrǎn

⓮ 明塑　míngsù

⓯ 露面　lòumiàn

⓰ 对峙　duìzhì

朗读提示

　　本文节选自散文家杨朔的抒情散文《泰山极顶》。文章以登泰山具体进程为序，对沿途风景进行细细描摹和刻画，表达了对祖国壮丽山河的热爱和自豪之情。观察细致，描写入微，文辞华美，情景交融，是描写泰山奇景的名篇之一。朗读时，全文以中速为主，音高居中，语调平直，语气平稳，"岱宗坊""王母池""斗母宫""经石峪"等著名景点应放慢语速，延长停顿，显示在不同景点之间的转换过程，"活啦"语速加快，语调上升，语气喜出望外，情感浓度达到顶峰。景中有情，情中有静，情、景、气、声和谐统一，融为一体，显示出泰山的宁静和幽深。

拓展阅读

作品32号拼音对照版

作品33号

在太空的黑幕上，地球就像站在宇宙舞台中央那位最美的大明星，浑身散发出夺人心魄的、彩色的、明亮的光芒，她披着浅蓝色的纱裙和白色的飘带，如同天上的仙女缓缓飞行。

地理知识告诉我，地球上大部分地区覆盖着海洋，我果然看到了大片蔚蓝色的海水，浩瀚的海洋骄傲地披露着广阔壮观的全貌，我还看到了黄绿相间的陆地，连绵的山脉纵横其间；我看到我们平时所说的天空，大气层中飘浮着片片雪白的云彩，那么轻柔，那么曼妙，在阳光普照下，仿佛贴在地面上一样。海洋、陆地、白云，它们呈现在飞船下面，缓缓驶来，又缓缓离去。

我知道自己还是在轨道上飞行，并没有完全脱离地球的怀抱，冲向宇宙的深处，然而这也足以让我震撼了，我并不能看清宇宙中众多的星球，因为实际上它们离我们的距离非常遥远，很多都是以光年计算。正因为如此，我觉得宇宙的广袤真实地摆在我的眼前，即便作为中华民族第一个飞天的人我已经跑到离地球表面四百公里的空间，可以称为太空人了，但是实际上在浩瀚的宇宙面前，我仅像一粒尘埃。

虽然独自在太空飞行，但我想到了此刻千万//中国人翘首以待，我不是一个人在飞，我是代表所有中国人，甚至人类来到了太空。我看到的一切证明了中国航天技术的成功，我认为我的心情一定要表达一下，就拿出太空笔，在工作日志背面写了一句话："为了人类的和平与进步，中国人来到太空了。"以此来表达一个中国人的骄傲和自豪。

节选自杨利伟《天地九重》

语音提示

❶ 夺人心魄　duórénxīnpò

❷ 蔚蓝色　wèilánsè

❸ 纵横其间　zònghéng qíjiān

❹ 云彩　yúncai

❺ 轻柔　qīngróu

❻ 曼妙　mànmiào

❼ 呈现　chéngxiàn

❽ 广袤　guǎngmào

❾ 尘埃　chén'āi

朗读提示

　　本文节选自宇航员、"航天英雄"杨利伟的自传《天地九重》。文章运用比喻、拟人等修辞手法，通过对作者身在太空中所看的地球面貌的具体描绘，表达了身为中国人登临太空的骄傲自豪与对浩瀚宇宙的无限崇敬之情。语言朴实，文笔生动，行文流畅，简洁大气。语速居中，语调平直，音高较高，语气惊喜中带着震撼与崇敬，引人入胜，唯美动人，将个人之渺小与宇宙之浩瀚进行对比，引发对自然、对宇宙的由衷赞叹之情。

拓展阅读

作品33号拼音对照版

作品34号

最使我难忘的，是我小学时候的女教师蔡芸芝先生。

现在回想起来，她那时有十八九岁。右嘴角边有榆钱大小一块黑痣。在我的记忆里，她是一个温柔和美丽的人。

她从来不打骂我们。仅仅有一次，她的教鞭好像要落下来，我用石板一迎，教鞭轻轻地敲在石板边上，大伙笑了，她也笑了。我用儿童的狡猾的眼光察觉，她爱我们，并没有存心要打的意思。孩子们是多么善于观察这一点啊。

在课外的时候，她教我们跳舞，我现在还记得她把我扮成女孩子表演跳舞的情景。

在假日里，她把我们带到她的家里和女朋友的家里。在她的女朋友的园子里，她还让我们观察蜜蜂；也是在那时候，我认识了蜂王，并且平生第一次吃了蜂蜜。

她爱诗，并且爱用歌唱的音调教我们读诗。直到现在我还记得她读诗的音调，还能背诵她教我们的诗：

圆天盖着大海，

黑水托着孤舟，

远看不见山，

那天边只有云头，

也看不见树，

那水上只有海鸥……

今天想来，她对我的接近文学和爱好文学，是有着多么有益的影响！

像这样的教师，我们怎么会不喜欢她，怎么会不愿意和她亲近呢？我们见了她不由得就围上去。即使她写字的时候，我//们也默默地看着她，连她握铅笔的姿势都急于模仿。

节选自魏巍《我的老师》

))) 语音提示

❶ 榆钱　yúqián

❷ 黑痣　hēizhì

❸ 轻轻　qīngqīng

❹ 察觉　chájué

❺ 平生　píngshēng

❻ 音调　yīndiào

❼ 孤舟　gūzhōu

❽ 云头　yúntóu

🎤 朗读提示

　　本文节选自作家魏巍创作的散文《我的老师》。文章以一个儿童的眼光与视角，回忆了儿时与蔡芸芝老师之间发生的几件趣事，赞扬了老师温柔纯净的美好心灵与高尚旷达的教育情怀，表达了对老师热爱崇敬与感恩之心。语言朴素，感情真挚，文笔洗练，意境深远。朗读时，语速居中，语调平直，语气柔和，温情款款。文中的诗歌要读得稍慢一些，缓缓收尾，生动形象地展示出老师对"我"接近文学和爱好文学的有益影响。两个反问句语速陡然加快，语调急遽上升，语气异常强烈，直截了当地表达出对老师的崇敬与喜爱之情。

🔍 拓展阅读

作品34号拼音对照版

作品35号

我喜欢出发。

凡是到达了的地方，都属于昨天。哪怕那山再青，那水再秀，那风再温柔。太深的流连便成了一种羁绊，绊住的不仅有双脚，还有未来。

怎么能不喜欢出发呢？没见过大山的巍峨，真是遗憾；见了大山的巍峨没见过大海的浩瀚，仍然遗憾；见了大海的浩瀚没见过大漠的广袤，依旧遗憾；见了大漠的广袤没见过森林的神秘，还是遗憾。世界上有不绝的风景，我有不老的心情。

我自然知道，大山有坎坷，大海有浪涛，大漠有风沙，森林有猛兽。即便这样，我依然喜欢。

打破生活的平静便是另一番景致，一种属于年轻的景致。真庆幸，我还没有老。即便真老了又怎么样，不是有句话叫老当益壮吗？

于是，我还想从大山那里学习深刻，我还想从大海那里学习勇敢，我还想从大漠那里学习沉着，我还想从森林那里学习机敏。我想学着品味一种缤纷的人生。

人能走多远？这话不是要问两脚而是要问志向。人能攀多高？这事不是要问双手而是要问意志。于是，我想用青春的热血给自己树起一个高远的目标。不仅是为了争取一种光荣，更是为了追求一种境界。目标实现了，便是光荣；目标实现不了，人生也会因//这一路风雨跋涉变得丰富而充实；在我看来，这就是不虚此生。

是的，我喜欢出发，愿你也喜欢。

节选自汪国真《我喜欢出发》

))) 语音提示

① 羁绊　jībàn

② 巍峨　wēi'é

③ 广袤　guǎngmào

④ 坎坷　kǎnkě

⑤ 猛兽　měngshòu

⑥ 景致　jǐngzhì

⑦ 老当益壮　lǎodāngyìzhuàng

⑧ 机敏　jīmǐn

⑨ 热血　rèxuè

⑩ 境界　jìngjiè

朗读提示

　　本文节选自中国当代诗人汪国真创作的散文《我喜欢出发》。文章运用拟人、对偶、排比等多种修辞手法，旗帜鲜明地说明喜欢出发的原因，充满如侠士般仗剑走天涯的豪迈之情。情感浓烈，大开大合，文从字顺，文采斐然。全文气息饱满，语速较快，语气慷慨激昂，语调变化丰富。开篇以降调为主，"怎么能不喜欢出发呢"语调开始上升，"没见过……""见了……没见过……""见了……没见过……""见了……没见过……"语气层层递进，音高逐级上升，情感浓度依次递增。"人能够多远？"与"人能攀多高？"相互呼应，"不是……而是……""不是……而是……"两相对比，不惧艰险，风雨兼程，侠士豪情，呼之欲出。

拓展阅读

作品35号拼音对照版

作品36号

乡下人家总爱在屋前搭一瓜架，或种南瓜，或种丝瓜，让那些瓜藤攀上棚架，爬上屋檐。当花儿落了的时候，藤上便结出了青的、红的瓜，它们一个个挂在房前，衬着那长长的藤，绿绿的叶。青、红的瓜，碧绿的藤和叶，构成了一道别有风趣的装饰，比那高楼门前蹲着一对石狮子或是竖着两根大旗杆，可爱多了。

有些人家，还在门前的场地上种几株花，芍药、凤仙、鸡冠花、大丽菊，它们依着时令，顺序开放，朴素中带着几分华丽，显出一派独特的农家风光。还有些人家，在屋后种几十枝竹，绿的叶，青的竿，投下一片浓浓的绿荫。几场春雨过后，到那里走走，你常常会看见许多鲜嫩的笋，成群地从土里探出头来。

鸡，乡下人家照例总要养几只的。从他们的房前屋后走过，你肯定会瞧见一只母鸡，率领一群小鸡，在竹林中觅食；或是瞧见耸着尾巴的雄鸡，在场地上大踏步地走来走去。

他们的屋后倘若有一条小河，那么在石桥旁边，在绿树荫下，你会见到一群鸭子游戏水中，不时地把头扎到水下去觅食。即使附近的石头上有妇女在捣衣，它们也从不吃惊。

若是在夏天的傍晚出去散步，你常常会瞧见乡下人家吃晚饭//的情景。他们把桌椅饭菜搬到门前，天高地阔地吃起来。天边的红霞，向晚的微风，头上飞过的归巢的鸟儿，都是他们的好友。它们和乡下人家一起，绘成了一幅自然、和谐的田园风景画。

节选自陈醉云《乡下人家》

))) 语音提示

❶ 人家　rénjiā

❷ 瓜藤　guāténg

❸ 棚架　péngjià

❹ 别有风趣　biéyǒufēngqù

❺ 旗杆　qígān

❻ 芍药　sháoyao

❼ 凤仙　fèngxiān

❽ 鸡冠花　jīguānhuā

❾ 绿荫　lùyīn

❿ 率领　shuàilǐng

⓫ 尾巴　wěiba

🎙 朗读提示

　　本文选自当代作家陈醉云创作的散文《乡下人家》。文章运用清新淡雅的笔触，描写了乡下人家恬淡闲适的生活，表达了对乡下人家宁静生活的热爱与向往之情。语言质朴，描摹生动，结构精巧，引人入胜。全文保持中速，音高不高不低，语调平直，略有下降，节奏舒缓，语气轻松恬淡，如一首山水田园诗，抚慰浮躁的生活，润泽读者的心灵。其中对乡下人家的"鸡"和"鸭"的行动描写音高提升，语速加快，语调上扬，节奏明快，语气活泼，动中有静，静中有动，动静结合，自由自在。

📑 拓展阅读

作品36号拼音对照版

作品37号

我们的船渐渐地逼近榕树了。我有机会看清它的真面目：是一棵大树，有数不清的丫枝，枝上又生根，有许多根一直垂到地上，伸进泥土里。一部分树枝垂到水面，从远处看，就像一棵大树斜躺在水面上一样。

现在正是枝繁叶茂的时节。这棵榕树好像在把它的全部生命力展示给我们看。那么多的绿叶，一簇堆在另一簇的上面，不留一点儿缝隙。翠绿的颜色明亮地在我们的眼前闪耀，似乎每一片树叶上都有一个新的生命在颤动，这美丽的南国的树！

船在树下泊了片刻，岸上很湿，我们没有上去。朋友说这里是"鸟的天堂"，有许多鸟在这棵树上做窝，农民不许人去捉它们。我仿佛听见几只鸟扑翅的声音，但是等到我的眼睛注意地看那里时，我却看不见一只鸟的影子。只有无数的树根立在地上，像许多根木桩。地是湿的，大概涨潮时河水常常冲上岸去。"鸟的天堂"里没有一只鸟，我这样想到。船开了，一个朋友拨着船，缓缓地流到河中间去。

第二天，我们划着船到一个朋友的家乡去，就是那个有山有塔的地方。从学校出发，我们又经过那"鸟的天堂"。

这一次是在早晨，阳光照在水面上，也照在树梢上。一切都//显得非常光明。我们的船也在树下泊了片刻。

起初四周围非常清静。后来忽然起了一声鸟叫。我们把手一拍，便看见一只大鸟飞了起来，接着又看见第二只，第三只。我们继续拍掌，很快地这个树林就变得很热闹了。到处都是鸟声，到处都是鸟影。大的，小的，花的，黑的，有的站在枝上叫，有的飞起来，在扑翅膀。

节选自巴金《鸟的天堂》

)) 语音提示

❶ 丫枝　yāzhī

❷ 枝繁叶茂　zhīfányèmào

❸ 生命力　shēngmìnglì

❹ 一簇　yīcù

❺ 上面　shàng·miàn

❻ 缝隙　fèngxì

❼ 似乎　sìhū

❽ 颤动　chàndòng

❾ 涨潮　zhǎngcháo

❿ 拨着　bōzhe

⓫ 地方　dìfang

🎤 朗读提示

　　本文节选自现代文学大家巴金的散文《鸟的天堂》。文章以清丽流畅之笔墨，描写了作者划船参观"鸟的天堂"的情景，寄托了热爱自然、人与自然和谐相处的美好情思，渲染祥和宁静又生机勃勃的田园牧歌似的美妙氛围。语言质朴，视角多变，观察细致，描写细腻。前半部分以静为主，语速居中，音高不高，语调平直，语气平缓，"数不清""枝繁叶茂""全部生命力""明亮""闪耀""颤动"加逻辑重音，语带赞叹，"这美丽的南国的树！"语速加快，音高提升，语调上扬，语气热烈。对"鸟的天堂"的观察语气轻柔，语调低沉，烘托神秘气息，为下文的热闹场景做好铺垫。后半部分以动为主，语速稍快，音高略升，节奏鲜明，语气活泼，与上文的静形成鲜明对比。

📖 拓展阅读

作品37号拼音对照版

作品38号

两百多年前，科学家做了一次实验。他们在一间屋子里横七竖八地拉了许多绳子，绳子上系着许多铃铛，然后把蝙蝠的眼睛蒙上，让它在屋子里飞。蝙蝠飞了几个钟头，铃铛一个也没响，那么多的绳子，它一根也没碰着。

科学家又做了两次实验：一次把蝙蝠的耳朵塞上，一次把蝙蝠的嘴封住，让它在屋子里飞。蝙蝠就像没头苍蝇似的到处乱撞，挂在绳子上的铃铛响个不停。

三次实验的结果证明，蝙蝠夜里飞行，靠的不是眼睛，而是靠嘴和耳朵配合起来探路的。

后来，科学家经过反复研究，终于揭开了蝙蝠能在夜里飞行的秘密。它一边飞，一边从嘴里发出超声波。而这种声音，人的耳朵是听不见的，蝙蝠的耳朵却能听见。超声波向前传播时，遇到障碍物就反射回来，传到蝙蝠的耳朵里，它就立刻改变飞行的方向。

知道蝙蝠在夜里如何飞行，你猜到飞机夜间飞行的秘密了吗？现代飞机上安装了雷达，雷达的工作原理与蝙蝠探路类似。雷达通过天线发出无线电波，无线电波遇到障碍物就反射回来，被雷达接收到，显示在荧光屏上。从雷达的荧光屏上，驾驶员能够清楚地看到前方有没有障碍物，所//以飞机飞行就更安全了。

节选自《夜间飞行的秘密》

语音提示

❶ 横七竖八　héngqī-shùbā

❷ 铃铛　língdang

❸ 蒙上　méng·shàng

❹ 封住　fēngzhù

❺ 证明　zhèngmíng

❻ 超声波　chāoshēngbō

❼ 障碍物　zhàng'àiwù

❽ 类似　lèisì

❾ 荧光屏　yíngguāngpíng

朗读提示

　　本文是一篇科技说明文。文章主要说明科学家通过反复实验，解开了蝙蝠夜间飞行的秘密，由此受到启发，给飞机装上雷达，从而有效解决了飞机夜间飞行的问题。思路清晰，逻辑严密，语言严谨，说理透彻。全文以中速为主，音高居中，语调平直，语气客观，不宜加入太多的个人情感色彩。设问句"你猜到飞机夜间飞行的秘密了吗？"语速稍快，音高略略提升，语调上扬，将蝙蝠夜间飞行的秘密与飞机雷达的工作原理巧妙联系起来，承上启下，衔接自然。

拓展阅读

作品38号拼音对照版

作品39号

北宋时候，有位画家叫张择端。他画了一幅名扬中外的画《清明上河图》。这幅画长五百二十八厘米，高二十四点八厘米，画的是北宋都城汴梁热闹的场面。这幅画已经有八百多年的历史了，现在还完整地保存在北京的故宫博物院里。

张择端画这幅画的时候，下了很大的功夫。光是画上的人物，就有五百多个：有从乡下来的农民，有撑船的船工，有做各种买卖的生意人，有留着长胡子的道士，有走江湖的医生，有摆小摊的摊贩，有官吏和读书人，三百六十行，哪一行的人都画在上面了。

画上的街市可热闹了。街上有挂着各种招牌的店铺、作坊、酒楼、茶馆，走在街上的，是来来往往、形态各异的人：有的骑着马，有的挑着担，有的赶着毛驴，有的推着独轮车，有的悠闲地在街上溜达。画面上的这些人，有的不到一寸，有的甚至只有黄豆那么大。别看画上的人小，每个人在干什么，都能看得清清楚楚。

最有意思的是桥北头的情景：一个人骑着马，正往桥下走。因为人太多，眼看就要碰上对面来的一乘轿子。就在这个紧急时刻，那个牧马人一下子拽住了马笼头，这才没碰上那乘轿子。不过，这么一来，倒把马右边的//两头小毛驴吓得又踢又跳。站在桥栏杆边欣赏风景的人，被小毛驴惊扰了，连忙回过头来赶小毛驴。你看，张择端画的画，是多么传神啊！

《清明上河图》使我们看到了八百年以前的古都风貌，看到了当时普通老百姓的生活场景。

节选自滕明道《一幅名扬中外的画》

📢 语音提示

① 张择端　Zhāng Zéduān

② 名扬中外　míngyáng–zhōngwài

③ 汴梁　Biànliáng

④ 功夫　gōngfu

⑤ 撑船　chēngchuán

⑥ 医生　yīshēng

⑦ 招牌　zhāopai

⑧ 作坊　zuōfang

⑨ 溜达　liūda

⑩ 清清楚楚　qīngqīngchǔchǔ

⑪ 情景　qíngjǐng

⑫ 一乘轿子　yī shèng jiàozi

🎤 朗读提示

　　本文节选自作家滕明道的说明文《一幅名扬中外的画》。文章运用夹叙夹议的手法，以北宋画家张择端的《清明上河图》为说明对象，通过具体描写北宋汴梁街头的热闹景象，再现了九百年前的古都原貌与当时人们的生活场景，并以此为切入点分析了《清明上河图》名扬中外的主要原因。语言朴实，表述严谨，结构明晰，说明有力。前三段是对《清明上河图》的具体描写，语速居中，音高不高，语调以降调为主，语气客观理性。第四段对"差点相撞"的场景进行细节刻画，语速稍快，音高略略提升，语调平直，节奏明快，语气活泼，"最有意思""紧急时刻"加逻辑重音凸显生动有趣之处。

📖 拓展阅读

作品39号拼音对照版

作品40号

二〇〇〇年，中国第一个以科学家名字命名的股票"隆平高科"上市。八年后，名誉董事长袁隆平所持有的股份以市值计算已经过亿。从此，袁隆平又多了个"首富科学家"的名号。而他身边的学生和工作人员，却很难把这位老人和"富翁"联系起来。

"他哪里有富人的样子。"袁隆平的学生们笑着议论。在学生们的印象里，袁老师永远黑黑瘦瘦，穿一件软塌塌的衬衣。在一次会议上，袁隆平坦言："不错，我身价二〇〇八年就一千零八亿了，可我真的有那么多钱吗？没有。我现在就是靠每个月六千多元的工资生活，已经很满足了。我今天穿的衣服就五十块钱，但我喜欢的还是昨天穿的那件十五块钱的衬衫，穿着很精神。"袁隆平认为，"一个人的时间和精力是有限的，如果老想着享受，哪有心思搞科研？搞科学研究就是要淡泊名利，踏实做人"。

在工作人员眼中，袁隆平其实就是一位身板硬朗的"人民农学家"，"老人下田从不要人搀扶，拿起套鞋，脚一蹬就走"。袁隆平说："我有八十岁的年龄，五十多岁的身体，三十多岁的心态，二十多岁的肌肉弹性。"袁隆平的业余生活非常丰富，钓鱼、打排球、听音乐……他说，就是喜欢这些//不花钱的平民项目。

二〇一〇年九月，袁隆平度过了他的八十岁生日。当时，他许了个愿：到九十岁时，要实现亩产一千公斤！如果全球百分之五十的稻田种植杂交水稻，每年可增产一点五亿吨粮食，可多养活四亿到五亿人口。

节选自刘畅《一粒种子造福世界》

))) 语音提示

❶ 隆平高科　Lóngpíng Gāokē

❷ 学生　xuésheng

❸ 富翁　fùwēng

❹ 软塌塌　ruǎntātā

❺ 精神　jīngshen

❻ 淡泊名利　dànbó-mínglì

❼ 踏实做人　tāshi zuòrén

❽ 身板　shēnbǎnr

❾ 硬朗　yìnglǎng

❿ 搀扶　chānfú

🎤 朗读提示

　　本文节选自报告文学作品《一粒种子造福世界》。文章将"首富科学家"与"人民农学家"进行对比，赞扬了袁隆平老师淡泊名利、踏实做人的崇高品质和扎根科研、为全人类谋福祉的伟大人格。朗读时，要有讲述感。朗读时，以中速开篇，音高居中，语调平直，语气平稳，讲述事件的主要背景。"他哪里有富人的样子"的逻辑重音落在"哪里"上表示否定，"软塌塌""一千零八亿""六千多元""五十块""十五块"重读，凸显袁老的简朴生活。后半部分"人民农学家"加逻辑重音重点突出，引用袁老的原话语速加快，音高升高，语调上升，语气乐观积极，"八十多岁""五十多岁""三十多岁""二十多岁"延长停顿，凸显对比，着力刻画袁老朝气蓬勃的精神状态。

📑 拓展阅读

作品40号拼音对照版

作品41号

北京的颐和园是个美丽的大公园。

进了颐和园的大门，绕过大殿，就来到有名的长廊。绿漆的柱子，红漆的栏杆，一眼望不到头。这条长廊有七百多米长，分成二百七十三间。每一间的横槛上都有五彩的画，画着人物、花草、风景，几千幅画没有哪两幅是相同的。长廊两旁栽满了花木，这一种花还没谢，那一种花又开了。微风从左边的昆明湖上吹来，使人神清气爽。

走完长廊，就来到了万寿山脚下。抬头一看，一座八角宝塔形的三层建筑耸立在半山腰上，黄色的琉璃瓦闪闪发光。那就是佛香阁。下面的一排排金碧辉煌的宫殿，就是排云殿。

登上万寿山，站在佛香阁的前面向下望，颐和园的景色大半收在眼底。葱郁的树丛，掩映着黄的绿的琉璃瓦屋顶和朱红的宫墙。正前面，昆明湖静得像一面镜子，绿得像一块碧玉。游船、画舫在湖面慢慢地滑过，几乎不留一点儿痕迹。向东远眺，隐隐约约可以望见几座古老的城楼和城里的白塔。

从万寿山下来，就是昆明湖。昆明湖围着长长的堤岸，堤上有好几座式样不同的石桥，两岸栽着数不清的垂柳。湖中心有个小岛，远远望去，岛上一片葱绿，树丛中露出宫殿的一角。//游人走过长长的石桥，就可以去小岛上玩。这座石桥有十七个桥洞，叫十七孔桥。桥栏杆上有上百根石柱，柱子上都雕刻着小狮子。这么多的狮子，姿态不一，没有哪两只是相同的。

颐和园到处有美丽的景色，说也说不尽，希望你有机会去细细游赏。

节选自袁鹰《颐和园》

🔊 语音提示

❶ 颐和园　Yíhéyuán

❷ 栏杆　lángān

❸ 横槛　héngjiàn

❹ 神清气爽　shénqīng-qìshuǎng

❺ 琉璃瓦　liú·líwǎ

❻ 金碧辉煌　jīnbì-huīhuáng

❼ 葱郁　cōngyù

❽ 画舫　huàfǎng

❾ 远眺　yuǎntiào

❿ 堤岸　dī'àn

🎤 朗读提示

　　本文节选自作家袁鹰的写景名篇《颐和园》。文章以游览颐和园的具体过程为序，对颐和园的长廊、佛香阁、排云殿、万寿山、昆明湖等景点进行细致地描绘，表达了对祖国大好河山的热爱与赞颂之情。文笔清新，语言简练，层次分明，条理清晰。总起全文开篇，语速居中，语调平直，语气平稳。"七百多米""二百七十三间""几千幅画"重读，凸显长廊规模之大，画作之丰富。"闪闪发光""金碧辉煌"加逻辑重音，凸显其炫目之感。"慢慢地滑过"语速缓缓下降，"隐隐约约"音高降低，语调下沉，有若有若无之感。

📑 拓展阅读

作品41号拼音对照版

作品42号

一谈到读书，我的话就多了！

我自从会认字后不到几年，就开始读书。倒不是四岁时读母亲给我的商务印书馆出版的国文教科书第一册的"天、地、日、月、山、水、土、木"以后的那几册，而是七岁时开始自己读的"话说天下大势，分久必合，合久必分……"的《三国演义》。

那时，我的舅父杨子敬先生每天晚饭后必给我们几个表兄妹讲一段《三国演义》，我听得津津有味，什么"宴桃园豪杰三结义，斩黄巾英雄首立功"，真是好听极了。但是他讲了半个钟头，就停下去干他的公事了。我只好带着对于故事下文的无限悬念，在母亲的催促下，含泪上床。

此后，我决定咬了牙，拿起一本《三国演义》来，自己一知半解地读了下去，居然越看越懂，虽然字音都读得不对，比如把"凯"念作"岂"，把"诸"念作"者"之类，因为我只学过那个字一半部分。

谈到《三国演义》，我第一次读到关羽死了，哭了一场，把书丢下了。第二次再读到诸葛亮死了，又哭了一场，又把书丢下了，最后忘了是什么时候才把全书读到"分久必合"的结局。

这时我同时还看了母亲针线筐箩里常放着的那几本《聊斋志异》，聊斋故事是短篇的，可以随时拿起放下，又是文言的，这对于我的//作文课很有帮助，因为老师曾在我的作文本上批着"柳州风骨，长吉清才"的句子，其实我那时还没有读过柳宗元和李贺的文章，只因那时的作文，都是用文言写的。

书看多了，从中也得到一个体会，物怕比，人怕比，书也怕比，"不比不知道，一比吓一跳"。

因此，某年的六一国际儿童节，有个儿童刊物要我给儿童写几句指导读书的话，我只写了九个字，就是：

读书好，多读书，读好书。

节选自冰心《忆读书》

))) 语音提示

❶ 分久必合 fēn jiǔ bì hé

❷ 合久必分 hé jiǔ bì fēn

❸ 无限悬念 wúxiànxuánniàn

❹ 诸 zhū

❺ 针线笸箩 zhēnxiàn pǒluo

❻ 聊斋志异 Liáozhāi Zhì Yì

🎤 朗读提示

本文节选自儿童文学大家冰心创作的抒情散文《忆读书》。文章按时间顺序，回顾了自己幼年的读书经历，最后自然而然得出指导读书的九字经验"读书好，多读书，读好书"，如家中长者教导晚辈，随和亲切，娓娓道来，循循善诱，耐人寻味。语言柔和冲淡，生活气息浓郁，结构条理明晰，说理深入浅出，结论发人深省。朗读时，全文语速较快，音高稍高，语调上扬，语气欢快，节奏鲜明。"分久必合"与"合久必分"两相对照，铿锵有力；"含泪上床"语气沮丧，心有不甘但又无可奈何；"一知半解"语气诙谐，令人忍俊不禁；"哭了一场"与"又哭了一场"层层递进，语带伤心痛苦之色；文末回顾少时读《聊斋志异》，音高不高，保持中速，语调稍降，语气沉稳有力，断定对写作文大有裨益。

🔖 拓展阅读

作品42号拼音对照版

作品43号

徐霞客是明朝末年的一位奇人。他用双脚，一步一步地走遍了半个中国大陆，游览过许多名山大川，经历过许多奇人异事。他把游历的观察和研究记录下来，写成了《徐霞客游记》这本千古奇书。

当时的读书人，都忙着追求科举功名，抱着"十年寒窗无人问，一举成名天下知"的观念，埋头于经书之中。徐霞客却卓尔不群，醉心于古今史籍及地志、山海图经的收集和研读。他发现此类书籍很少，记述简略且多有相互矛盾之处，于是他立下雄心壮志，要走遍天下，亲自考察。

此后三十多年，他与长风为伍，云雾为伴，行程九万里，历尽千辛万苦，获得了大量第一手考察资料。徐霞客日间攀险峰，涉危涧，晚上就是再疲劳，也一定录下当日见闻。即使荒野露宿，栖身洞穴，也要"燃松拾穗，走笔为记"。

徐霞客的时代，没有火车，没有汽车，没有飞机，他所去的许多地方连道路都没有，加上明朝末年治安不好，盗匪横行，长途旅行是非常艰苦又非常危险的事。

有一次，他和三个同伴到西南地区，沿路考察石灰岩地形和长江源流。走了二十天，一个同伴难耐旅途劳顿，不辞而别。到了衡阳附近又遭遇土匪抢劫，财物尽失，还险//些被杀害。好不容易到了南宁，另一个同伴不幸病死，徐霞客忍痛继续西行。到了大理，最后一个同伴也因为吃不了苦，偷偷地走了，还带走了他仅存的行囊。但是，他还是坚持目标，继续他的研究工作，最后找到了答案，推翻历史上的错误，证明长江的源流不是岷江而是金沙江。

节选自《阅读大地的徐霞客》

语音提示

❶ 名山大川　míngshān-dàchuān

❸ 卓尔不群　zhuó'ěr-bùqún

❺ 攀险峰　pān xiǎnfēng

❼ 燃松拾穗　rán sōng shísuì

❾ 盗匪横行　dàofěi héngxíng

❷ 奇人异事　qírén-yìshì

❹ 记述简略　jìshù jiǎnlüè

❻ 涉危涧　shè wēijiàn

❽ 走笔为记　zǒu bǐ wéi jì

朗读提示

　　本文节选自人物传记《阅读大地的徐霞客》。文章记叙了明末奇人徐霞客，在游历名山大川时将自己的所见所闻、所思所想一一记录下来，述之成文，写成千古奇书《徐霞客游记》的故事，歌颂了徐霞客不慕名利、不畏艰险的君子风骨和百折不挠、探索真知的科学精神。语言质朴无华，表述简洁有力，故事情节曲折，刻画生动形象。朗读时，要有讲故事的对象感，以中速为主，音高不高不低，语调平直，语气客观，将徐霞客的传奇经历娓娓道来即可。

拓展阅读

作品43号拼音对照版

作品44号

造纸术的发明，是中国对世界文明的伟大贡献之一。

早在几千年前，我们的祖先就创造了文字。可那时候还没有纸，要记录一件事情，就用刀把文字刻在龟甲和兽骨上，或者把文字铸刻在青铜器上。后来，人们又把文字写在竹片和木片上。这些竹片、木片用绳子穿起来，就成了一册书。但是，这种书很笨重，阅读、携带、保存都很不方便。古时候用"学富五车"形容一个人学问高，是因为书多的时候需要用车来拉。再后来，有了蚕丝织成的帛，就可以在帛上写字了。帛比竹片、木片轻便，但是价钱太贵，只有少数人能用，不能普及。

人们用蚕茧制作丝绵时发现，盛放蚕茧的篾席上，会留下一层薄片，可用于书写。考古学家发现，在两千多年前的西汉时代，人们已经懂得了用麻来造纸。但麻纸比较粗糙，不便书写。

大约在一千九百年前的东汉时代，有个叫蔡伦的人，吸收了人们长期积累的经验，改进了造纸术。他把树皮、麻头、稻草、破布等原料剪碎或切断，浸在水里捣烂成浆；再把浆捞出来晒干，就成了一种既轻便又好用的纸。用这种方法造的纸，原料容易得到，可以大量制造，价格又便宜，能满足多数人的需要，所//以这种造纸方法就传承下来了。

我国的造纸术首先传到邻近的朝鲜半岛和日本，后来又传到阿拉伯世界和欧洲，极大地促进了人类社会的进步和文化的发展，影响了全世界。

节选自《纸的发明》

⑴) 语音提示

❶ 学富五车 xuéfùwǔchē

❷ 盛放 chéngfàng

❸ 篾席上 mièxí·shàng

❹ 一层薄片 yī céng báopiàn

❺ 麻头 mátóu

❻ 捣烂成浆 dǎolàn chéng jiāng

❼ 便宜 piányi

🎤 朗读提示

　　本文是一篇科技说明文。文章以时代发展为序，按照"总—分—总"的结构，以文字的发明创造作为起点，详细说明蔡伦造纸术发明的具体过程。语言质朴，条理清晰，通俗易懂，说明有力。朗读时，全文以中速为主，音高居中，语调平直，语气客观，平铺直叙，"笨重""很不方便""价钱太贵""不能普及""比较粗糙""不易书写"加逻辑重音，明确不足之处。"既轻便又好用""容易得到""价格便宜""多数人"重读，与前文形成鲜明对比，凸显蔡伦造纸术的历史进步意义。

📖 拓展阅读

作品44号拼音对照版

作品45号

中国的第一大岛、台湾省的主岛台湾，位于中国大陆架的东南方，地处东海和南海之间，隔着台湾海峡和大陆相望。天气晴朗的时候，站在福建沿海较高的地方，就可以隐隐约约地望见岛上的高山和云朵。

台湾岛形状狭长，从东到西，最宽处只有一百四十多公里；由南至北，最长的地方约有三百九十多公里。地形像一个纺织用的梭子。

台湾岛上的山脉纵贯南北，中间的中央山脉犹如全岛的脊梁。西部为海拔近四千米的玉山山脉，是中国东部的最高峰。全岛约有三分之一的地方是平地，其余为山地。岛内有缎带般的瀑布，蓝宝石似的湖泊，四季常青的森林和果园，自然景色十分优美。西南部的阿里山和日月潭，台北市郊的大屯山风景区，都是闻名世界的游览胜地。

台湾岛地处热带和温带之间，四面环海，雨水充足，气温受到海洋的调剂，冬暖夏凉，四季如春，这给水稻和果木生长提供了优越的条件。水稻、甘蔗、樟脑是台湾的"三宝"。岛上还盛产鲜果和鱼虾。

台湾岛还是一个闻名世界的"蝴蝶王国"。岛上的蝴蝶共有四百多个品种，其中有不少是世界稀有的珍贵品种。岛上还有不少鸟语花香的蝴//蝶谷，岛上居民利用蝴蝶制作的标本和艺术品，远销许多国家。

节选自《中国的宝岛——台湾》

))) 语音提示

❶ 地处　dìchǔ

❷ 形状狭长　xíngzhuàng xiácháng

❸ 梭子　suōzi

❹ 纵贯南北　zòngguàn nánběi

❺ 脊梁　jǐ·liáng

❻ 瀑布　pùbù

❼ 似的　shìde

❽ 游览胜地　yóulǎn shèngdì

❾ 盛产　shèngchǎn

🎤 朗读提示

　　本文是一篇说明文。文章以明确台湾的地理位置为出发点，对台湾岛的地形地貌、山川河流、气候特产——进行说明，表达对祖国宝岛—台湾的赞赏与喜爱之情。语言简短，条理清晰，逻辑严密，条分缕析。朗读时，以中速贯穿全篇，音高居中，语调平直，语气客观，说明严谨。"一百四十多公里"与"三百九十多公里"两相对照，加对比重音，凸显台湾岛形状之狭长。"缎带般的瀑布""蓝宝石似的湖泊""冬暖夏凉""四季如春"语速稍快，语调上扬，语带赞叹与欣赏。"四百多个品种"重读，强调台湾岛蝴蝶品种之丰富，世所罕见。

📑 拓展阅读

作品45号拼音对照版

作品46号

对于中国的牛，我有着一种特别尊敬的感情。

留给我印象最深的，要算在田垄上的一次"相遇"。

一群朋友郊游，我领头在狭窄的阡陌上走，怎料迎面来了几头耕牛，狭道容不下人和牛，终有一方要让路。它们还没有走近，我们已经预计斗不过畜牲，恐怕难免踩到田地泥水里，弄得鞋袜又泥又湿了。正踌躇的时候，带头的一头牛，在离我们不远的地方停下来，抬起头看看，稍迟疑一下，就自动走下田去。一队耕牛，全跟着它离开阡陌，从我们身边经过。

我们都呆了，回过头来，看着深褐色的牛队，在路的尽头消失，忽然觉得自己受了很大的恩惠。

中国的牛，永远沉默地为人做着沉重的工作。在大地上，在晨光或烈日下，它拖着沉重的犁，低头一步又一步，拖出了身后一列又一列松土，好让人们下种。等到满地金黄或农闲时候，它可能还得担当搬运负重的工作；或终日绕着石磨，朝同一方向，走不计程的路。

在它沉默的劳动中，人便得到应得的收成。

那时候，也许，它可以松一肩重担，站在树下，吃几口嫩草。偶尔摇摇尾巴，摆摆耳朵，赶走飞附身上的苍蝇，已经算是它最闲适的生活了。

中国的牛，没有成群奔跑的习//惯，永远沉沉实实的，默默地工作，平心静气。这就是中国的牛！

节选自小思《中国的牛》

🔊 语音提示

❶ 尊敬　zūnjìng

❸ 阡陌　qiānmò

❺ 让路　rànglù

❼ 踟蹰　chíchú

❾ 下种　xià zhǒng

⓫ 应得　yīngdé

⓭ 飞附　fēifù

⓯ 闲适　xiánshì

❷ 田垄　tiánlǒng

❹ 耕牛　gēngniú

❻ 畜牲　chùsheng

❽ 犁　lí

❿ 石磨　shímò

⓬ 收成　shōucheng

⓮ 苍蝇　cāngying

🎤 朗读提示

本文节选自香港作家小思的抒情散文《中国的牛》。本文运用夹叙夹议的手法，讲述了与牛在田垄上相遇时牛主动让路的故事，赞扬了中国的牛勤勤恳恳、任劳任怨的高贵品质。语言古朴，凝思静观，淡雅柔美，启迪思考。朗读时，全文以中速为主，音高居中，语调平直，语气深沉。"永远""沉重""终日"重读，凸显牛每日工作之辛苦。文末语速加快，音高上升，语调上扬，节奏轻松，语气活泼，着力表现牛辛勤劳动之后的闲适生活。

📑 拓展阅读

作品46号拼音对照版

作品47号

石拱桥的桥洞成弧形，就像虹。古代神话里说，雨后彩虹是"人间天上的桥"，通过彩虹就能上天。我国的诗人爱把拱桥比作虹，说拱桥是"卧虹""飞虹"，把水上拱桥形容为"长虹卧波"。

我国的石拱桥有悠久的历史。《水经注》里提到的"旅人桥"，大约建成于公元二八二年，可能是有记载的最早的石拱桥了。我国的石拱桥几乎到处都有。这些桥大小不一，形式多样，有许多是惊人的杰作。其中最著名的当推河北省赵县的赵州桥。

赵州桥非常雄伟，全长五十点八二米。桥的设计完全合乎科学原理，施工技术更是巧妙绝伦。全桥只有一个大拱，长达三十七点四米，在当时可算是世界上最长的石拱。桥洞不是普通半圆形，而是像一张弓，因而大拱上面的道路没有陡坡，便于车马上下。大拱的两肩上，各有两个小拱。这个创造性的设计，不但节约了石料，减轻了桥身的重量，而且在河水暴涨的时候，还可以增加桥洞的过水量，减轻洪水对桥身的冲击。同时，拱上加拱，桥身也更美观。大拱由二十八道拱圈拼成，就像这么多同样形状的弓合拢在一起，做成一个弧形的桥洞。每道拱圈都能独立支撑上面的重量，一道坏了，其//他各道不致受到影响。全桥结构匀称，和四周景色配合得十分和谐；桥上的石栏石板也雕刻得古朴美观。赵州桥高度的技术水平和不朽的艺术价值，充分显示了我国劳动人民的智慧和力量。

节选自茅以升《中国石拱桥》

))) 语音提示

❶ 弧形　húxíng

❷ 长虹卧波　chánghóng-wòbō

❸ 巧妙绝伦　qiǎomiào juélún

❹ 创造性　chuàngzàoxìng

❺ 暴涨　bàozhǎng

❻ 拱上加拱　gǒng·shàng jiā gǒng

❼ 拱圈　gǒngquān

朗读提示

　　本文是一篇科技说明文，节选自桥梁学家茅以升的《中国石拱桥》。文章抓住中国石拱桥的主要特点，以赵州桥为例，说明了中国石拱桥在设计施工上的独特创造与不朽的艺术价值，赞扬了我国劳动人民的勤劳勇敢与聪明才智。用语准确，说明严谨，顺序恰当，层次分明，表述周密，态度科学。朗读时，语速不宜过快，音高不宜过高，不能带有浓烈的感情色彩，以中速为主，语音清晰，语调自然，语气客观，一一说明清楚即可。"公元二八二年"加逻辑重音，延长停顿，强调中国石拱桥之历史悠久；"全长五十点八二米""长达三十七点四米""二十八道拱圈"具体数字加逻辑重音，稍作停顿，凸显严谨准确的语言风格。

拓展阅读

作品47号拼音对照版

作品48号

不管我的梦想能否成为事实，说出来总是好玩儿的：

春天，我将要住在杭州。二十年前，旧历的二月初，在西湖我看见了嫩柳与菜花，碧浪与翠竹。由我看到的那点儿春光，已经可以断定，杭州的春天必定会教人整天生活在诗与图画之中。所以，春天我的家应当是在杭州。

夏天，我想青城山应当算作最理想的地方。在那里，我虽然只住过十天，可是它的幽静已拴住了我的心灵。在我所看见过的山水中，只有这里没有使我失望。到处都是绿，目之所及，那片淡而光润的绿色都在轻轻地颤动，仿佛要流入空中与心中似的。这个绿色会像音乐，涤清了心中的万虑。

秋天一定要住北平。天堂是什么样子，我不知道，但是从我的生活经验去判断，北平之秋便是天堂。论天气，不冷不热。论吃的，苹果、梨、柿子、枣儿、葡萄，每样都有若干种。论花草，菊花种类之多，花式之奇，可以甲天下。西山有红叶可见，北海可以划船——虽然荷花已残，荷叶可还有一片清香。衣食住行，在北平的秋天，是没有一项不使人满意的。

冬天，我还没有打好主意，成都或者相当地合适，虽然并不怎样和暖，可是为了水仙，素心腊梅，各色的茶花，仿佛就受一点儿寒//冷，也颇值得去了。昆明的花也多，而且天气比成都好，可是旧书铺与精美而便宜的小吃远不及成都那么多。好吧，就暂这么规定：冬天不住成都便住昆明吧。

节选自老舍《"住"的梦》

))) 语音提示

❶ 梦想　mèngxiǎng

❷ 好玩儿　háowánr

❸ 嫩柳　nènliǔ

❹ 教人　jiào rén

❺ 青城山　Qīngchéng Shān

❻ 地方　dìfang

❼ 幽静　yōujìng

❽ 涤清　díqīng

❾ 枣儿　zǎor

❿ 葡萄　pú·táo

⓫ 衣食住行　yī–shí–zhù–xíng

⓬ 主意　zhǔyi

⓭ 和暖　hénuǎn

⓮ 一点儿　yīdiǎnr

🎤 朗读提示

　　本文节选自现代文学大家老舍创作的抒情散文《"住"的梦》。老舍先生用闲话家常一般轻松欢快的语调，描绘了他在春、夏、秋、冬四个季节的理想家园，富于优雅闲适的生活情趣。语言幽默风趣，框架结构明晰，情感真挚动人。开篇总起全文，以中速开篇，音高不高不低，语速不急不缓，语调平直，语气诙谐。春天住杭州，语速稍快，音高略升，语调略降，语气欢欣，充满诗情画意；夏天住青城山，"幽静""淡""光润""涤清"加逻辑重音，凸显夏绿之润泽心灵。秋天住北平，语速居中，音高不高，语调平直，语气沉稳，着力展现出北平秋天如天堂般不冷不热、温暖宜人。冬天住成都或昆明，语速稍降，语调略低，语气悠闲，节奏和缓。一年四季，春夏秋冬，各有各的特色，各有各的韵味。

🔖 拓展阅读

作品48号拼音对照版

作品49号

在北京市东城区著名的天坛公园东侧，有一片占地面积近二十万平方米的建筑区域，大大小小的十余栋训练馆坐落其间。这里就是国家体育总局训练局。许多我们耳熟能详的中国体育明星都曾在这里挥汗如雨，刻苦练习。

中国女排的一天就是在这里开始的。

清晨八点钟，女排队员们早已集合完毕，准备开始一天的训练。主教练郎平坐在场外长椅上，目不转睛地注视着跟随助理教练们做热身运动的队员们，她身边的座位上则横七竖八地堆放着女排姑娘们的各式用品：水、护具、背包，以及各种外行人叫不出名字的东西。不远的墙上悬挂着一面鲜艳的国旗，国旗两侧是"顽强拼搏"和"为国争光"两条红底黄字的横幅，格外醒目。

"走下领奖台，一切从零开始"十一个大字，和国旗遥遥相望，姑娘们训练之余偶尔一瞥就能看到。只要进入这个训练馆，过去的鲜花、掌声与荣耀皆成为历史，所有人都只是最普通的女排队员。曾经的辉煌、骄傲、胜利，在踏入这间场馆的瞬间全部归零。

踢球跑、垫球跑、夹球跑……这些对普通人而言和杂技差不多的项目是女排队员们必须熟练掌握的基本技能。接下来//的任务是小比赛。郎平将队员们分为几组，每一组由一名教练监督，最快完成任务的小组会得到一面小红旗。

看着这些年轻的姑娘们在自己的眼前来来去去，郎平的思绪常飘回到三十多年前。那时风华正茂的她是中国女排的主攻手，她和队友们也曾在这间训练馆里夜以继日地并肩备战。三十多年来，这间训练馆从内到外都发生了很大的变化：原本粗糙的地面变成了光滑的地板，训练用的仪器越来越先进，中国女排的团队中甚至还出现了几张陌生的外国面孔……但时光荏苒，不变的是这支队伍对排球的热爱和"顽强拼搏，为国争光"的初心。

节选自宋元明《走下领奖台，一切从零开始》

🔊 语音提示

❶ 天坛公园　Tiāntán Gōngyuán

❷ 坐落其间　zuòluò qíjiān

❸ 耳熟能详　ěr shú-néngxiáng

❹ 目不转睛　mùbùzhuǎnjīng

❺ 横七竖八　héngqī-shùbā

❻ 偶尔　ǒu'ěr

❼ 一瞥　yīpiē

❽ 夹球跑　jiā qiú pǎo

🎙 朗读提示

　　本文节选自宋元明的报告文学作品《走下领奖台，一切从零开始》。文章采用纪录片的白描手法，以训练时间为序，叙述了中国女排姑娘每日艰苦训练的场景，热情歌颂了女排姑娘自强不息、勇攀高峰的斗志和团结一心、艰苦奋斗的精神。语言朴实，观察入微，描写细致，情感真挚。朗读时，全文以中速为主，音高不高不低，语调平直，节奏平缓，语气沉稳客观，着力凸显报告文学讲述感和现场感。

📖 拓展阅读

作品49号拼音对照版

作品50号

在一次名人访问中，被问及上个世纪最重要的发明是什么时，有人说是电脑，有人说是汽车，等等。但新加坡的一位知名人士却说是冷气机。他解释，如果没有冷气，热带地区如东南亚国家，就不可能有很高的生产力，就不可能达到今天的生活水准。他的回答实事求是，有理有据。

看了上述报道，我突发奇想：为什么没有记者问："二十世纪最糟糕的发明是什么？"其实二〇〇二年十月中旬，英国的一家报纸就评出了"人类最糟糕的发明"。获此"殊荣"的，就是人们每天大量使用的塑料袋。

诞生于上个世纪三十年代的塑料袋，其家族包括用塑料制成的快餐饭盒、包装纸、餐用杯盘、饮料瓶、酸奶杯、雪糕杯等。这些废弃物形成的垃圾，数量多、体积大、重量轻、不降解，给治理工作带来很多技术难题和社会问题。

比如，散落在田间、路边及草丛中的塑料餐盒，一旦被牲畜吞食，就会危及健康甚至导致死亡。填埋废弃塑料袋、塑料餐盒的土地，不能生长庄稼和树木，造成土地板结，而焚烧处理这些塑料垃圾，则会释放出多种化学有毒气体，其中一种称为二噁英的化合物，毒性极大。

此外，在生产塑料袋、塑料餐盒的过//程中使用的氟利昂，对人体免疫系统和生态环境造成的破坏也极为严重。

节选自林光如《最糟糕的发明》

))) 语音提示

❶ 冷气机　lěngqìjī

❷ 实事求是　shíshì-qiúshì

❸ 有理有据　yǒulǐ-yǒujù

❹ 殊荣　shūróng

❺ 餐用杯盘　cānyòng bēi pán

❻ 降解　jiàngjiě

❼ 牲畜　shēngchù

❽ 庄稼　zhuāngjia

❾ 处理　chǔlǐ

❿ 二噁英　èr'èyīng

🎤 朗读提示

　　本文以"二十世纪最重要的发明"的设问为开端，巧妙引出最糟糕的发明是塑料袋这一鲜明的观点，通过指明塑料袋的种种危害，引发人们正视环境污染，增强环境保护意识，积极行动起来，更好地维护我们共同生活的美好家园。文章有理有据，说理充分，分析透彻。朗读时要注意语速适中，音高不高，语调客观，语气严肃，将道理讲述得清楚明白、通俗易懂。

🔖 拓展阅读

作品50号拼音对照版

第 四 章
普通话水平测试命题说话

第一节 | 命题说话的要求

《普通话水平测试大纲》（教语用〔2003〕2号）对"命题说话"的测试目的是这样表述的：测查应试人在无文字凭借的情况下说普通话的水平，重点测查语音标准程度、词汇语法规范程度和自然流畅程度。

"命题说话"作为普通话水平测试第四个测试项，分值所占的比重最大，要求也最高。"命题说话"是唯一一项无文字凭借的口语表达测试，在普通话水平测试中具有相当重要的地位。

"命题说话"不是即兴演讲，不是考查应试人的口才，它在主题的鲜明性、材料的新颖性和语言的感召力等方面没有严格的要求，只要求应试人围绕一个中心，流畅地说上一段用时3分钟的话，内容集中，表达有条理即可。"命题说话"其实更像谈话，应试人交谈的对象就是测试员，"命题说话"所使用的语言多为交谈式的口语。但是，"命题说话"又比日常谈话要求高得多，它要围绕一个中心去说，不能随随便便，毫无约束；选词造句必须是规范化的口语，禁用方言词和方言句式；同时还要克服自然口语中的一些不良习惯，尽可能地不出现无意义的重复，不出现半截话。所以"命题说话"测试有一定的难度，应试人要想顺利地通过"命题说话"项测试，首先就必须了解普通话水平测试对"说话"的要求。

一、语音清楚自然

"命题说话"项评分标准中，语音标准程度占了25分。评分时主要是按照应试人在该项测试中所反映出来的错误音节量和方音的严重程度进行定档，错误音节量越多，方音越明显，扣分越多。语音标准程度的最大扣分量为14分。

　　语音清楚，是指吐字要清晰，发音要到位，发音方法要准确，并且要注意变音、变调。这样做是为了避免发出错误的或有缺陷的音。如果发音时把声音停留在喉咙里，就会给人含混不清的感觉；速度太快，就会产生滑音、叠字现象。这些都是发音错误或缺陷的成因。

　　语音自然，是指能按照日常口语的语音、语调来说话，不要带着朗诵或背诵的腔调，否则会在语调方面失分。

　　方言区人在日常生活中习惯于讲方言，只在背书、读报时才较多使用普通话，因此在说普通话时难免会比较生硬。许多人把朗读作为学习普通话的主要手段，再加上较少有机会听到规范的日常口语，久而久之，就把戏剧、朗诵的表达方式当作楷模来效仿，这就造成了在说话时的出现朗诵腔。

　　其实，说话是一种交际手段。人与人之间的交往贵在真诚，人们希望听到的是亲切、自然、朴实无华的语言。朗诵是一种表演艺术。由于表演的特殊环境（如场子大、观众多、表演者与听众距离远等），它需要对语言进行艺术加工，也允许语音、语气、语调的夸张、美化。这两种语言表达在发声、共鸣甚至吐字、节奏等方面都是各有特点的。它们各有各的用途，不能相互代替。一名演员下台回家之后，对家人使用的必然是日常口语而绝对不可能是表演时的艺术口语，就是这个道理。

　　在测试时，还有的应试人把背诵当成了说话，这也是出现语言表达不自然的一个因素。产生的原因主要是应试人在说话测试前早已对《大纲》所提供的说话题目进行了书面"创作"，一到测试时由于多种原因（如紧张、习惯等）的影响，仍不能把书面语言转化为口头语言。这种背诵和说话相比虽然有许多相似之处，如语速较快、口头语词也很适当，但它语流平直呆板，语速缺少变化，所以给人一种生硬、不自然的感觉。

二、词汇、语法规范

　　词汇、语法规范是《大纲》对"命题说话"项的基本要求之一，它的分值共有10分。当应试人有较多的词汇、语法不规范情况出现时，最大失分值将达到4分。

　　要做到在词汇、语法规范程度上不失分，应注意以下三个方面：

（一）不使用方言词语、语法

　　由于词汇的变化非常快，新词新语层出不穷，词语的规范工作又相对比较滞后，这给方言区的人学习普通话带来了很多麻烦。初学普通话的人，由于对普通话词汇与方言词汇分辨不清，口语中经常出现"家私"（家具）、"好背"（合算）、"妈咪"（妈妈）、"脚踏车"（自行车）等不规范词语；同时由于对普通话口语语法认识的欠缺，说话时难免会出现"他用抹布擦擦桌子"，"我好不好进来"，"他是两年前毕业下来的""他吃不来甜食"等不规范的句子。说话时要避免这些现象。

（二）多用口语词

在说话时，要尽可能多用口语词，少用"之乎者也"之类的文言词和"鳞次栉比""鲜见""诸如"之类的书面语、公文用语，也应尽量少用专业术语。因为在书面语中用这些词语可使文章显得雅致、精练，有些还能使语言增加庄重的色彩，但是在口语表达中却会使句子显得生硬、别扭，有时候在理解方面还会造成一定障碍。"命题说话"作为口头表达形式，语言要求直观、生动、形象，使用的语言材料应是生活气息浓郁的口头语。

（三）不用粗俗语，慎用网络流行语

社会上常常出现一些非方言却在小范围、小圈子里流行的"行话"，如这些年在年轻人中流行用"碉堡了""哇塞""中二病"等词；在文娱圈里也常有"香蕉艾滋""城市迷走症"之说。虽然这些词对某些人来说是很流行、很时髦的口语，但它毕竟只是在一定年龄、一定层次的人群中流行。还有一些词语，如"去一号"（上厕所）、"三八"（女人）等，虽然流传得很广，也很口语化，但在正式的场合（如"命题说话"测试）还是不宜使用，因为它毕竟有粗俗之嫌。对发展变化特别快的网络语言，使用时也要注意规范。

用词恰当贴切，还应注意以下几个方面的问题：

其一，准确选择动词、形容词。动词是表示人或事物动作行为、发展变化的词，形容词是表示人或事物性质、状态的词。要把人和事物表现得具体形象、生动逼真，就必须选用贴切的动词和形容词。

其二，注意词语色彩的选择。词语的色彩包括感情色彩和语体色彩。从感情色彩来看，词语有褒义、贬义、中性之分。《实施纲要》所提供的话题大多是要求应试者表现出自己鲜明情感的话题，如"我了解的……""我喜爱的……""谈……"等。所以，恰当地选用感情色彩鲜明的褒义词或贬义词，巧妙地使用中性词，在我们的说话中就显得特别重要。

其三，注意声音的选择。"命题说话"中声音的选择主要包括两个方面，一是尽量避免使用自己说起来拗口，别人听起来别扭的这样一些词语组合，如非叠音词的叠音现象："我们的城市没有喧嚣嘈杂，也没有灰尘弥漫；它有的只是安静和清洁，优美和和谐。"两个"和"字构成了叠音现象，所以最好把第一个"和"换成"与"字。二是尽量避免同音词。因为说话是没有文字凭借的口头表达，如果遇到同音现象，就容易造成听话者误解或费解的现象。如"期终"容易听成是"期中"，"向前看"容易被误听为"向钱看"等。

三、语句自然流畅

在口语表达中，语句是否合乎语法标准，是否通顺流畅，对表达效果影响很大。语句流畅，如行云流水，听起来非常容易理解，而且很有吸引力，也不易使人疲劳；语句不流畅，听上去断断续续，不但语义不易使人领会，而且容易使人疲劳或烦躁，表达效果就很差了。

"自然流畅程度"在"命题说话"项中共占5分。《大纲》规定，应试人在测试"命题说话"项时如语言不连贯，语调生硬，可以扣2分或3分。如有背稿子的现象，或口语化较差，或语言做到基本流畅等情况，可以扣0.5分或1分。

要做到在表达时语句自然流畅、标准规范，应注意以下几点：

（一）多用短句，少用长句

在口语中，人们接受信息不像看书那样可以一目十行，即使句子很长也能一眼扫到。听话时语音是按线性次序一个挨一个进入人的耳朵的。如果句子长了，不仅会影响听话人的理解，而且会影响说话人的表达。因为一方面说话时一般没有经过书面文字而是直接将思维转化为口语，因此说话的人不可能在深入考虑要表达内容的同时赋予它最完美的结构。另一方面，说话主要是诉诸听觉，句子结构过长，过于复杂，会造成听话者记忆困难，有可能当句子末尾进入脑海时，句子的开头已经印象不深了。句子过长、结构复杂还容易出现语法上、逻辑上的错误。所以，在口语中要尽量避免使用长句。

（二）冗余适当，避免口头禅

口头表达时，有时为了强调某个意思，加深听众的印象，可以有目的地重复某个句子。但是有些人在说话时频频出现机械的无意义的重复，会严重影响表达效果。例如有的人老是重复一句话的末尾几个音节，甚至不管这个音节是否是一个词，这样重复多了就会令人生厌。还有一种现象就是有些人总是不自觉地在句子中间夹入一些口头禅，如"嗯""啊""这个""的话""就是说"等。这是一种典型的毫无意义的冗余成分，它使语句断断续续，让人听起来很不流畅，因此一定要避免这种口头禅。

但是，我们并不反对在口语表达中适当加进一些冗余成分。冗余成分在口语中适当地穿插可以使句子语气舒缓，还可以有助于听众理解。例如以下的几种冗余成分是有积极作用的：

（1）提顿性质的冗余。在语句的主语谓语之间，或者在话题说出之后加一个语气词"呢"（当然不能重读），可以起到提顿作用，使句中多一个停顿，使语气变得舒缓和亲切。例如：

这个时候呢活动活动筋骨也是必要的，所以我就喜欢打乒乓球。

不去呢有点抱歉，去呢实在没有兴趣。

这两句话中的"呢"都起了提顿的作用，并且也使语句变得舒缓亲切了。

（2）强调性的冗余。这种冗余成分是为了强调句中某一个词。多半用重复的方法来加强信息。例如：

何况我们都是同龄人，我们同龄人相处应该是非常融洽的。

这句话中后半句重复了"同龄人"，是为了强调。

（3）解释性的冗余。这种冗余是为了使听的人听得更加清楚明白。例如：

近日的上海街头出现了无人售报摊，无人售报摊就是没有人卖报纸的，是靠每一个读者自觉地把钱投进箱子里然后拿一份报纸。

这段话里"无人售报摊"如果写在书面上，应该说很容易理解，但在口头一晃而过时，就难免抓不住要领，特别是一个新出现的、不熟悉的事物。所以，说话的人先重复了这个词，再加上一段说明，这是因为解释的需要。

有时候，在脱口而出之后，觉得说得不够清楚，也可以用原来的语词加上修饰语再重复的方法来对自己的话作某些注解，这也是一种解释性的冗余。例如：

就在那天我花了半天的时间制作了，亲手制作了一张卡片。

这句话中后半句"亲手制作"就是说话人为了进一步说明不是一般制作而临时加上去的。口语与书面语相比，最大的优越性就是可以边说边修正。这种修正部分常常是通过冗余成分来完成的。

（三）注意克服几种常见的语法错误

（1）成分残缺，丢掉一些必要成分。

（2）搭配不当，主要表现为动宾搭配不当，修饰词与中心词搭配不当等。

（3）语序不当，主要表现为定、状、补等句子成分位置不当。

（4）结构混乱，主要是指一个句子当中，两种句子格式套用。

第二节 ｜ 命题说话的准备

一、篇章完整得体

要使说话达到较好的效果，"篇章"完整得体是重要的一点。审题不当、跑题偏题、无的放矢是不可能把话说好的；剪裁不当、详略不当就会表达不清；结构不完整不行，结构混乱也不符合要求。因此，要表达好一个完整的话题，就必须在审题、选材、组织结构等方面下功夫。

（一）审题准确，不跑题偏题，做到有的放矢

审题也称解题，就是要详细周密地考虑、了解、认识题意，使说话的内容切合话题的要求，符合话题的旨意。话说千言，离题万里，则只会使自己徒劳无功。根据《计算机辅助普通话水平测试评分试行办法》（教语用司函〔2009〕5号），凡应试人说话离题，主试人可以在"命题说话"项中单独扣分，最高扣分分值可以达到6分。

（1）审题时应注意话题所揭示的中心和范围。如"童年生活"中的"童年"和"生活"就分别从时间和事件两个方面规定了范围。

（2）审题要认清话题所暗示的表达类型（体裁）特点。说话话题可以归纳为记叙类，如"难忘的旅行"；议论类，如"谈谈卫生与健康"；评述类，如"我喜欢的节日"；说明类，如"对幸福的理解"等。有的话题体裁明显，如"让我感动的事情"；有的话题体裁不明显，如"老师""朋友"。有的话题可跨几类体裁，如"我所在的学校（或公司、团队、其他机构）"既可作记叙类，又可作评述类等。

（3）审题要认清话题所涉及的人称。有的话题人称明显，有的话题人称不明显，如"学习普通话（或其他语言）的体会""劳动的体会"，并不一定要用第一人称。

（4）审题要注意题外的附加成分。如"对亲情（或友情、爱情）的理解""我了解的地域文化（或风俗）"就有相应的提示。

（二）剪裁合理，要详略得当、点面结合

"说话"中，如果材料不分主次巨细，平均使用"笔墨"，次要的材料谈得太详细，听话者就抓不到中心；如果主要的材料谈得太简略，轻描淡写，主题便得不到充分具体的体现。因此，必须做到剪裁合理，详略得当。具体的要求有：

（1）材料紧扣话题中心。无关紧要的不要讲，毫无意义的更不要说。

（2）材料富有典型性。普通话说话测试题都是紧扣自我、紧扣生活的，对说话人来说，肯定有材可取，有话可说。但由于时间的限制，应试人不可能逢材就取，想说

就说，必须选取最有代表性、又能揭示事物深度的典型材料来表达。

（3）材料准确、真实，最好富有新意。普通话说话测试题大多是评述性、说明性的，这就要求应试人的取材必须准确，否则就会给人不学无术、夸夸其谈的感觉。同时，由于是口语表达，既要有语言的生动自然，也要有材料（内容）的新颖活泼，所以最好是选取一些充满生活气息的、富有鲜明个性的材料。

（4）组织材料的有效办法之一是点面结合，即以大材料带小材料、总说统率分说的形式来组织材料。

（5）避免加入一些为了拖延时间或掩盖语音错误的材料，如唱歌、跳舞、说外语、背一些人名等；或是采用重复某一句话或某一个词等不符合命题说话要求的方式。《计算机辅助普通话水平测试评分试行办法》对此规定，如应试人出现无效话语，可以酌情扣 1～6 分；有效话语不满 30 秒（含 30 秒），本项测试成绩计为 0 分。

（三）结构完整，要层次清楚、善始善终

"命题说话"的结构就是说话人的主观思路和事物客观逻辑性相结合的产物。它具有以下三方面的特点：

（1）完整性。"命题说话"内容的各个局部（尤其是语段）应结合成一个严谨的统一体（这在语段部分已论述），且各局部也应齐备，不可残缺。有的应试人由于时间的原因，结尾草率行事，甚至没有结尾部分，即出现人们平时所说的"虎头蛇尾"现象，这样的说话是不完整的。

（2）层次性。"命题说话"是无文字凭借的口头表达，相对于听话人来说就是无文字凭借的听觉理解。因此所说之话必须有明晰的层次，才能使听话者心领神会，把握全"文"。

（3）灵活性。说话不可能像写文章一样在谋篇布局上深思熟虑，长时间推敲。因此只要注意整个过程的完整性和层次性，其结构可以随机应变，不必机械呆板，否则就会影响说话的流畅性，甚至使自己局促不安而思路混乱。

"命题说话"虽然是无文字凭借的口头表达，但由于它所提供的话题的具体性（从数量到范围）和预示性（应试人早已预先得知），所以，应试人不仅可以一边在平时进行有针对性、有步骤的"命题说话"训练，而且还可以直入话题的"篇章"，即根据话题，利用比较充足的时间去搜集材料，编写提纲甚至形成书面作品，以便平时练习之用。但应注意以下几点：

（1）所写的提纲或文章，必须合乎口语表达、"命题说话"测试的要求，即上面所提到的要求。口头表达能力较强的人，平时就应根据已有材料和书面提纲反复进行模拟"命题说话"；口头表达能力较差的人，可先根据完整的书面文章练习说话，再慢慢过渡到根据提纲练习说话。按提纲说话最大的好处是既能使说话人说话时有据可依，又能有效防止背诵、朗诵现象的发生。

（2）要注意说话话题的类型（文体）和内容有些是能互相转换的，如"科技发展与社会生活"既可以作为说明类的文章来说写，又可以作为评述类的文章来说写；如"尊敬的人"就可以替换"老师""我欣赏的历史人物"等不同的话题。话题的类型和内容的转换一般是由难到易，变抽象的议论为具体的叙述，这实际上就缩小了话题的范围，降低了"命题说话"的难度。

普通话水平测试指定的说话话题可以按照不同的内容进行分类，如"谈……"类、"我的……"类、"我喜爱（喜欢）的……"类、"对……的理解（看法）"类等。

二、语段内紧外连

完整的"命题说话"中，语段既是语句的组合，又是直接构成篇的组织部件。对内，它要求句与句之间互相联系，共同表达一个中心意思；对外，它承上启下，使整个"命题说话"完整严密，所以语段在整个"命题说话"中意义重大。

（一）思路清晰，合乎逻辑，做到"内紧"

要让句与句之间思路清晰、合乎逻辑，就必须了解和掌握句与句之间的事理关系。我们按"命题说话"中主要运用和经常出现的几种句子关系归纳如下：

（1）总分关系。在一个语段中，往往有一个纲领性的或概括性的句子统摄其他句子。这个句子有时在前（口语中常用），有时在后。主要关联词有"有的……有的……""总而言之""归根结底"等。

（2）因果关系。句子之间表明事理或事物变化、发展的前因后果，这在议论文和说明文中经常使用。主要关联词除书面经常用的"因为……所以……""由于"等以外，在口语中还经常使用"看样子""为什么……是因为……"等关联词。

（3）转折关系。这是指前面的句子说一个意思，后续句不是顺着前一句的意思说下去，而是作了一个转换，朝着另一个方面的意思说下去。关联词除了书面用的"虽然……但是……"等以外，在口语中还经常使用"幸而""可惜""不过""其实"等。

（4）解证关系。这是指有的句子提出某种道理、看法，反映出某种事实和现象，另外的句子进行解释、说明、引申、补充等。这主要是在记叙文和说明文中出现，特别是说明文。主要的关联词有"如""比方说""也就是说""意思是说"等。

（5）并列关系。这是指几个句子分别说明相关的几件事情、几种情况，或同一事物的几个方面。在说话中，它常常和总分关系套在一块，即分说的几个方面一般就是一种并列关系。主要关联词有"有的……有的……""一方面……另一方面……""首先……其次……""第一……第二……""同时"等。

此外，还有承接关系、假设关系、条件关系、选择关系、递进关系等。

（二）承上启下，建构全文，做到"外连"

每一个语段都应是一个完整的"说话"中的一个有机的组织部件，这就要求每个语段一方面要独自完成所要表达的整个"说话"中某一层面的中心意思；另一方面又必须在语意（内容）上和上下文互相联系，语流（形式）上和上下文保持通畅。要做到这一点就应注意以下两个方面：

（1）中间语段的衔接与过渡。在"说话"中，衔接和过渡就是指利用某些关联词语或意思有关联的词语巧妙的连接，使段与段之间前后贯通，脉络分明，从而使没有文字依据的听话人容易理解说话人的思路，说话人也因此不会出现逻辑上的混乱。

（2）开头结尾段的交代和照应。一个完整的"命题说话"，特别是记叙类、议论类的，一般来说，开头如果有交代（往往就是说话的中心内容或观点的交代），那么在结尾就有相应的照应。这样就使整个"命题说话"显得结构完整，主题突出。

三、足时足量

由于应试人年龄、性格、职业等的差异，"命题说话"规定的3分钟时间内所表达的音节量会有一定差异。按照一般的语速，3分钟的口语表达应该有600左右音节量。音节量不足，会影响对普通话水平等级的评判。

《计算机辅助普通话水平测试评分试行办法》规定，应试人无法完成3分钟的口语表达，则需要根据"时间不足"评分项的要求和应试人的具体情况进行扣分，最大扣分值可以达到40分，即本项测试成绩可判为0分。

按照这个要求，应试人在准备命题说话话题时应做到有充足的量，足够达到3分钟的口语表达需要。

附录

普通话水平测试用话题

说明：

本材料共有话题50例，供普通话水平测试命题说话测试使用。本材料仅是对话题范围的规定，并不规定话题的具体内容。

1．我的一天

2．老师

3．珍贵的礼物

4．假日生活

5．我喜爱的植物

6．我的理想（或愿望）

7．过去的一年

8．朋友

9．童年生活

10．我的兴趣爱好

11．家乡（或熟悉的地方）

12．我喜欢的季节（或天气）

13．印象深刻的书籍（或报刊）

14．难忘的旅行

15．我喜欢的美食

16．我所在的学校（或公司、团队、其他机构）

17．尊敬的人

18．我喜爱的动物

19．我了解的地域文化（或风俗）

20．体育运动的乐趣

21．让我快乐的事情

22．我喜欢的节日

23．我欣赏的历史人物

24．劳动的体会

25．我喜欢的职业（或专业）

26．向往的地方

27．让我感动的事情

28．我喜爱的艺术形式

29．我了解的十二生肖

30．学习普通话（或其他语言）的体会

31．家庭对个人成长的影响

32．生活中的诚信

33．谈服饰

34．自律与我

35．对终身学习的看法

36．谈谈卫生与健康

37．对环境保护的认识

38．谈社会公德（或职业道德）

39．对团队精神的理解

40．谈中国传统文化

41．科技发展与社会生活

42．谈个人修养

43．对幸福的理解

44．如何保持良好的心态

45．对垃圾分类的认识

46．网络时代的生活

47．对美的看法

48．谈传统美德

49．对亲情（或友情、爱情）的理解

50．小家、大家与国家

参考文献

[1] 林鸿.普通话语音与发声[M].5版.杭州：浙江大学出版社，2021.

[2] 国家语委普通话与文字应用培训测试中心.普通话水平测试实施纲要（2021年版）
     [M].北京：语文出版社，2022.

[3] 国家语委普通话与文字应用培训测试中心.普通话水平测试应试指导[M].北京：语
     文出版社，2022.

[4] 黄伯荣，廖序东.现代汉语（增订六版）[M].北京：高等教育出版社，2017.

[5] 刘照雄.普通话水平测试大纲（新修订本）[M].长春：吉林人民出版社，2006.

[6] 全国人民代表大会常务委员会.中华人民共和国国家通用语言文字法[M].北京：法
     律出版社，2000.

[7] 宋欣桥.普通话语音训练教程[M].北京：商务印书馆，2004.

[8] 孙媛媛，石拓，庞可慧.普通话语音基础知识与测试[M].北京：中国商业出版社，
     2016.

[9] 屠国平.普通话水平测试研究[M].杭州：浙江大学出版社，2010.

[10] 浙江省语言文字工作委员会，浙江省语言文字工作者协会.浙江省普通话水平测试
     教程[M].杭州：浙江大学出版社，2012.

[11] 中国社会科学院语言研究所词典编辑室.现代汉语词典[M].7版.北京：商务印书
     馆，2016.

扫码下载"畅言普通话"App获取15天免费试用
在线学习和模拟测试等资源

扫码获取音频资源
激活码见封三

朗读　姚喜双（总指导）　于　芳　肖　玉
　　　　康　辉　贺红梅　李洪岩

监听　韩玉华　孙海娜　齐　影　于　谦